크리스틴 델피

가부장제의 정치경제학

가족이라는
위계 집단

KB065226

봄알람

일러두기

이 책은 크리스틴 델피가 1970년부터 1978년 사이에 발표한
유물론 페미니즘 텍스트를 엮은 책 『주적 1권: 가부장제의
정치경제학L'ennemi principal - tome 1: Économie politique
du patriarcat』에 수록된 두 논고 『가사노동인가 가정 내
노동인가?travail ménager ou travail domestique?』와 『가족과
소비famille et consommation』를 옮긴 것이다.

차례

가사노동 혹은
가정 내 노동

정말 가사노동만이
무료 노동인가?

최근 사회학과 경제학에서 생산하는 지식의 새로운 주제가 생겨났다. 바로 가사노동이다. 물론 이전까지 가사노동이 무시되기만한 건 아니다. 하지만 기존에는 오직 기술적관점과 양적인 측면에서만 가사노동이 이해되었다. 우리는 시간 예산을 다룬 초기 연구(Stoetzel 1948, Girard 1958)에 빚을 지고 있다. 여전히 이론적으로 한계가 있긴 했지만, 이초기 연구들은 기혼 여성들이 일상에서 실시하는 가사노동 시간이 상당하다는 사실을드러냈다.

그러나 역사상 처음으로 가사노동의문제를 이론의 차원으로 다룬 것은 네오페미니스트 운동에서였다.[1] '과학자'들(그들 중에는 존 케네스 갤브레이스와 같은 기라성같은 학자도 있다)이, 해당 문제를 발견하지

이 글은 *Les femmes dans la société marchande*(1978)에 실렸다.

못했더라도 곧장 그 중요성을 인식하고 일정한 시간이 흐른 뒤에는 대부분 엄밀한 의미의 학계 바깥에서 만들어진 개념들을 차용했다는 점을 기억할 필요가 있다.

가사노동에 대한 문헌이 매년 점점 더 풍부해지면서, 여러 '학파'가 형성되기에 이르렀다. 그러나 대부분이 여성인 저자들 사이에는 가사노동의 주요한 경제적 특성에 대한 공통의 합의가 존재한다. 하나는 가사노동이 노동이라는 점이다. 이 때문에 가사노동은 '고려할 만하다'고 여겨진다. 다른 한 측면은 가사노동이 무료라는 점이다. 이 때문에 이를 노동으로 인정하는 일이 간단치 않았고, 따라서 이는 학문적인 진일보이자 발견이라 할 만하다.

이 두 합의점을 지나면 분기점이 만

들어진다. 예를 들어 가사노동의 '생산성'에 대한 논쟁이 벌어지는 것이다. 어떤 이들은 가사노동에서 '노동'이 '고된 과업'이라는 점에 주목한다. 다른 이들은 그것의 생산 양식에 집중하며 '무료'라는 점을 중요시한다. 어떤 연구는 가사노동의 자본주의적인 용례 혹은 효용, 아니면 직접적 생산자인 여성-배우자에게 가사노동이 지니는 의미에 집중한다. 이 모든 지점은 분명 연결되어 있다. 그러나 가사노동이라는 문제가 관심을 유발하고 많은 글과 책, 질문이 이를 다루었음에도 근본적인 한 지점이 불명확하게 남아 있다. 바로 연구 대상인 가사노동의 정의 자체에 대한 것이다.

이 지점이 불명확하게 남아 있는 이유는 상반되는 논쟁 때문이 아니라, 반대로 가사노동의 내용에 대한 암묵적 합의 때문이다. 가사노동은 공식적으로 정의된 적이 없지만, 저자들이 채택한 많은 예시로부터 그들이 비판적인 의식 없이 가사노동의 '상식'적인 정의를 사용한다는 걸 알 수 있다.(이 정의는 시간 예산에 대한 연구에도 드러나 있다.) 여기서 상식적인 정의란 무엇인가? 가사노동이 여성에 의하여 가정 내에서 이루어지는 노동이라는 것으로, 요리, 빨래, 다림질, 바느질, 장 보기, 청소, 관리하기(집안을 관리한다는 의미에서의 관리), 아이 돌보기 등이 이에 속한다. 이 경험적 정의는 적절한가? 혹은 정확한가? 이 정의가 앞에서 인정한 가사노동의 경제적 속성들과 양립 가능한가?

가사노동에 부여되는 경험적인 내용

가족이라는 위계 집단

은 이에 대한 이론적인 해석과 무관할 수 없다. 만일 가사노동의 핵심적인 속성에 대한 동의가 이루어졌더라면 막다른 골목으로 치달은 가사노동 관련 논쟁들이 다른 끝을 보지 않았을까 싶다. 이 동의란 연구 대상인 가사노동의 내용에 대해서 더는 경험적이지 않은, 형식적 정의를 한다는 의미다. 반대로, 가사노동의 중요한 속성은 경험적인 연구 대상을 구조적·경제적 관점으로 바라볼 때에만 발견될 수 있다.

결과로서 발견하고자 하는 가사노동의 구조적·경제(구조)적 특징을 처음부터 주요한 특성으로 부여하고 시작한다는 점에서, 이러한 작업은 임의적이고 심지어 순환적이라 비난받을 수 있다. 하지만 가사노동에 대해 모두가 동의하는 속성을 출발점으로 삼아서 이 난점을 돌파해 갈 수 있다. 바로 가사노동이 노동이며, 그 노동이 무료라는 속성을 다루는 것이다.

이때 우리는 두 가지를 질문할 수 있다. 상식의 내용, 즉 가사노동에 대한 경험적 정의가 경제적인 특징을 무산시키는가 혹은 이 경제적 특성이 내용을 무산시키는가? 다른 말로 하면, 상식적 의미의 가사노동만이 무료인가? 그렇다면 상식적 의미의 모든 가사 활동은 무료 노동인가?

우리는 한편으로는 가사노동의 경제적 속성이 고전적인 상식의 내용을 훨씬 넘어서고 이 속성이 가사노동으로 불리지 않는 '노동'에 적용됨을 증명하고자 한다. 그리고 또 한편으로는 엄밀한 의미에서 모든 가사 활동에 적용되는 것은 아님을 드러내려

가족이라는 위계 집단

한다.

　　이 같은 목적하에 우리는 일견 가사노동과는 상관없어 보이는 다른 주제를 통해 우회할 것이다. 바로 '가정 내 자가소비'라는 명목으로 국내총생산에 집계되는 생산인데, 여기서는 '농업' 분야의 자가소비로 논의를 한정할 것이다. 농가에서의 농업 자가소비는 양적으로도 가장 큰 비중을 차지하며 잘 알려져 있기도 하다.

　　농가 그리고 농기업이 자가소비를 위한 생산을 한다는 사실은 잘 알려져 있고, 이 속성은 농업을 사회 계층('농민')으로 규정하는 특징이 된다. 많은 저자는 그들의 '자급자족적'인 역량이 생산물을 즉시 소비할 수 없는 '나머지 사회 계층'과 그들을 구분하는 가장 큰 특징이라고 본다. 이에 더해, 이들의

'자급자족적' 역량은 사회 구성원을 강력한 분업으로 내모는 교환으로부터 이들을 상대적으로 독립되게 만든다. 그러나 내가 볼 때 시대를 불문하고 전통적인 농민 계급의 주요한 특징으로 여겨지는 이 자급자족성은 적잖이 과장되었다. 그렇지만 농업 생산물에서 생산자에 의해 직접 소비되는 비중이 상당한 것은 사실이다. 밀하우와 몽타뉴(1968)에 따르면, "프랑스 농업은 총생산 중 25퍼센트를 자가소비하는데, 이는 다른 나라보다 훨씬 높은 수치다".

이 높은 수치는 중간생산도 포함되었으리라는 인상을 주는 '총생산'이라는 단어로 인해 의미가 모호해지므로 있는 그대로 받아들여져서는 안 된다. 설령 이 수치가 최종 상품에 대해 가정이 선취한 소비량만을

가족이라는 위계 집단

나타낸다고 치더라도, 또 다른 문제가 나타난다. 해당 수치는 평균적인 비율이며 프랑스 농가의 현재 상황을 이야기할 때 평균은 아무 의미도 지니지 못한다는 점이다.

농업에 대한 고전적인 구분대로라면 농업은 다음의 세 영역으로 나뉜다. 하나는 생계형 농업, 다른 하나는 가내공업형 농업(중간 정도 규모로 기계화된, 생산 구조로 보자면 전통적인 농장에 해당), 나머지는 자본주의적 혹은 산업화된 농업이다. 생산물의 상품화 비율, 자가소비 비율은 영역에 따라 엄청나게 차이가 날 수밖에 없다. 보스나 수아소네 지역의 '대규모' 농업이 곡물 생산에 특화되면, 자연히 전체 생산물의 상품화가 따라온다. 따라서 곡물만을 생산하는 농장은 이제 일반적으로 시장만을 위해 생산하게 된다. 이러한 지역의 농가는 도시의 가정과 마찬가지로 시장에서 모든 소비 제품을 구입해야 한다.

매출액, 면적 혹은 농장 규모는 자가소비를 위해 생산하는 농장과 그렇지 않은 농장을 나누는 데 그다지 적절한 기준이 아니다. 더 확실한 기준은 농장의 전문화다. 원예, 채소 재배, 돼지나 닭과 같은 축산업, 포도 재배 등을 전문으로 하는 농장은 대규모 곡물 재배 농장과 비슷한 상황이라 볼 수 있다.

얼핏 보기에 단일경작은 본질적으로 자가소비의 가능성을 제한하는 것처럼 보인다. 사람은 포도, 돼지 혹은 생선만 먹고 살아갈 수 없다. 그러나 그 원인은 겉으로 보이는 것만큼 '명백'하지 않다. 사실 농장의 전문화 그 자체는 시장에 적응할 것인가 혹은

가족이라는 위계 집단

온전히 시장을 향할 것인가 하는 경제적 선택의 결과다.

한편, 생계형인지 가내공업형인지 여부에 관계없이 프랑스 농장의 대부분에 해당하는 것은 전문화되지 않은 소위 '다종작–목축' 형태의 농장이다. 이 용어는 혼란을 초래하며 현실과는 다른 두 가지 고정관념을 만들어내거나 그에 기인해 쓰인다. 하나는 이러한 농장이 시장에서 여러 형태의 거래를 한다는, 즉 한 가지 상품 생산에 전문화되거나 단일경작을 하는 농가와 달리 시장에 여러 형태의 상품을 제공한다는 것이다. 다른 하나는 때로 전통적 농업 생산의 주된 목적으로 간주되는 자가소비가 생산의 결과이기도 하다는 것이다. 이러한 관점에서 자가소비는 시장을 위한 생산 다양화에서 비롯한다.

그러나 사실, 다종작-목축 농장은 일반적으로 시장에서 단 하나의 거래만을 행한다. 파는 것이 우유든 고기든, 목축만이 판매 상품이 된다. '다종작'이라 불리는 작물 생산은 시장에 도달하지 않는, 상품인 동물의 생산 과정에서 소비되는 중간생산이다. 그러므로 시장과 관련하여 다종작이라는 용어는 잘못 쓴 것이다. 한편 이런 농장도 실제로 자가소비를 위한 다종작을 한다. 밀하우와 몽타뉴가 주장한 바와 달리, 생산의 다양화는 위험을 분배하고 다양한 상품을 시장에 내놓음으로써 가격의 불예측성에 대비하려는 염려에서 비롯하지 않는다.(혹은 더 이상은 그렇지 않다.) 또한 전문화 자체가 자가소비를 막는 것도 아니다. 다종작-목축 농장은 시장의 관점에서는 '전문화'되었다고

가족이라는 위계 집단

말하는 농장과 같은 처지에 있다. 즉, 한 가지 최종 상품만을 시장에 제공한다. 그리고 전문화된 농장 역시 다종작 농장과 마찬가지로 다양한 작물을 키워 자가소비를 할 수 있다. 만약 그렇게 하지 않는다면 수익성을 계산하는 경제적 태도를 갖추었기 때문이고, 이 계산은 자가소비 대신 상업화를 선택하는 결정으로 이어진다.

반대로 다종작-목축 농장의 전형적인 자가소비는 시장을 위한 생산보다 소비를 위한 생산을 선호하기 때문에 나타난다. 그리고 시장의 관점에서 볼 때 이 농장들이 전문화되어 있는 한, 다종작이라는 용어는 자가소비와 연관되었을 때만 의미가 있다.

농업에서의 자가소비는 국민계정에 집계된다. 이 생산은 시장을 위한 것이 아니더라도 생산적이라고 간주된다. 국민총생산(GNP)과 국민총소득(GNI)에 포함되기 때문이다. 한편, 엄격하게 말해 자가소비라는 생산은 가치—교환의 대상이 아니므로—를 가지지 못한다. 따라서 가치를 갖게 하기 위해서는 이를 부여해야 한다.

이 가치는 어떻게 결정될까? 가정이 생산하고 먹는 돼지를 국민총소득에 넣으려면 두 가지 명제가 성립해야 한다. 하나는 가정에서 돼지를 먹지 않았더라면 팔 수 있었으리라는 것이고, 다른 하나는 가정에서 돼지를 생산하지 않았더라면 사야 했으리라는 것이다.

이 가정은 둘 다 '선험적으로' 정당하다. 그러나 이들은 회계의 관점에서는 서로 같지 않다. 하나를 다른 하나보다 더 중요하

　　　　　가족이라는 위계 집단

게 생각하면, 돼지에 대해서 다른 가치를 부여하게 된다. 어떤 나라의 국민계정에서는 첫 번째 가정에 집중하여 농부가 얻을 수 있었을 소득의 손실분을 계산한다. 이때 돼지는 판매가로 계산된다. 한편 1963년부터 프랑스 계정은 두 번째 명제를 중요시하고 가정이 돼지 구매에 소비했어야 할 부분을 계산한다. 이때 돼지의 가격 기준은 소매가인데, 이 가격은 판매가보다 높다.

전문가들에 따르면, 이런 계산 방식은 불편을 자아낸다(Marczewski 1967). 왜냐하면 "문제의 소비 비용을 나타내는 것이 바로 생산자 가격"이기 때문이다. "한편 농장에서 소비된 식재료에는 이동 비용과 중간 마진, 소매가를 인상시키는 세금이 가산되지 않는다. (…) 소매가 평가액은 결론적으로

(…) 실제로는 생산되지 않은 서비스의 가치를 포함한다." 이런 불편에도 불구하고 프랑스 국민계정은 "1963년 이런 방향 전환을 감행했"는데 그 이유는, 이런 방식에 부가적인 생산(농산물을 농산업 및 식료품 생산물로 가공하는 과정으로, 마르체프스키에 따르면 이러한 부가적 생산은 발생하지 않았다) 이 포함된다고 해도, 기업들의 국내총생산 그리고 이에 따른 국내총생산의 증가는 동일한 금액이 차변의 가계 가처분소득에 할당됨으로써 상쇄되기 때문이다. 따라서, "계산 결과에는 영향을 미치지 않는다". 그뿐 아니라 마르체프스키는 가정과 농장이 상업화 기능(그 가치가 소매가에 포함되는)을 수행한다는 건 '분명한 거짓'일지라도, "그들이 스스로를 위해 농산물을 가공하는 기능을

가족이라는 위계 집단

수행한다는 설명은 부분적으로 진실"이라고 인정한다.

　이 인정은 환영할 만한데, 그가 만일 농부들이 농산품 가공을 행하지 않는다는 첫 번째 입장을 고수한다면 그들이 생산물을 원형 그대로―판매되었을 법한 형태로―소비하는 모습을 상상해야 했을 것이다. 네 발 달린 채 뛰어다니는 돼지를 그대로 삼키는 모습 말이다. 그러면 이제 농산물을 소비 가능하게 만드는 가공 과정의 일부는 집계가 되는 셈인데, 이는 어디까지나 일부일 뿐이다. 상품이 소매가로 가치가 매겨지면서 다행히 돼지는 도축되고, 껍질이 벗겨지고, 부위별로 분해되어, 프랑스 농민들은 살아 있는 생명을 그대로 먹는다는 혐의를 벗을 수 있다. 그러나 여기서 국민계정이 멈춘다는 게 문제다. 돼지는 아직 소비될 만한 상태가 아니다. 필요한 최종적인 절차 즉 갈비구이를 준비하고, 굽고, 나르는 일들이 고려되지 않았다. 또 한 번 농가가 일반적이지 않은 식습관을 가지고 있는 게 아니냐는 의심을 받게 되는 것이다. 예를 들어 소비할 때 바닥에서 고기를 날로 먹는 취향이 있는 게 아니라면, 국민계정에 임의적인 부분이 있는 게 아닌지 의심해볼 필요가 있다.

임의성 자체는 사실 그리 놀랍지 않다. 다만 가공 절차 가운데 계속해서 이루어지지 않은 양 간주되는 것이 무엇인가? 바로 '가사노동'이라는 용어로 설명되는 행위들이다.

흔히 가사노동이 무료인 까닭은 생산적이지 않기 때문이고, 생산적이지 않은 까닭은 '가치체계에 들어있지 않아서', 다시 말

가족이라는 위계 집단

해 시장을 통하지 않아서라고 주장되곤 한다. 그러나 이러한 설명은 그 자체로 빈약하며, 특히 생산성에 대한 정의를 아리송하게 한다. 왜냐하면 우리는 어떤 비시장적인 생산들, 즉 생산자들이 직접 소비하는 결과물들이 생산적인 것으로서 집계되고 처리된다는 걸 방금 확인했기 때문이다. 따라서 시장을 통하지 않거나 교환되지 않는다는 사실은 가사노동의 지위를 설명하지 못한다. 우리는 국내총생산의 규칙대로라면 가사노동이 생산적임을 밝혀냈다. 부를 증가시키는 모든 것을 생산적이라 정의하는 한, 이 규칙은 합당하다. 이런 견해에 따르자면 가사노동은 '가정 내 자가소비'라는 항목에서 집계된 생산과 마찬가지로 생산적인 것으로 취급되어야 한다. 자가소비의 과정은 사실 최종적인 소비에 이르는 모든 행위가 생산적이거나, 어떤 것도 생산적이지 않거나 둘 중 하나여야 한다(『주적』참조).

이때 우리는 국민계정이 어째서 이 과정 내부에 이토록 임의적인 단절을 만들어놓았는지 물을 수 있겠다. 만일 자가소비를 평가하는 원칙이 무엇보다 금전적 이득—즉 시장에서—의 손실임을 명시적으로 언급하고, 최종 가격이 살아 있는 상태의 돼지가 판매되는 가격(이 경우 잠재적인 판매 가능성만이 생산에 해당하기 때문에)을 의미한다면 가공 과정을 제외한다 해도(그렇다면 '모든' 가공을 제해야 한다) 이해할 만하다. 그러나 실제로는 그렇지 않다. 특정한 가공 과정은 집계가 되고 있으며, 다른 한편으로, 잠재적인 시장성만을 참고하는 것은 가정 내 서비스를 제외하는 이유를 정당화하지 못하기 때문이다. 가정은 재화를 소매상에서, 달리 말해 최종적으로 가공되기 전의 상태로 구입하는데, 회계적 의미의 자가소비에 해당하는 재화의 가치는 이 단계까지다. 한편 농가에서 집계되지 않는 가공 부분은 다른 가정에서도 마찬가지로 집계되지 않는다. 농가만이 돼지를 치지만, 다른 모든 가정에서 갈비를 요리한다. 결론적으로 모든 가정, 농가뿐 아니라 모든 가정이 그들의 소비를 생산해낸다. 이 과정이 상당한 규모의 서비스와 가치에 해당함에도, 국민계정은 이를 누락한다. 국민계정의 집계 방식이 왜, 어떻게 이토록 임의적인 단절을 만들었는지 이해하기 위해서는 새로운 우회로가 필요하며 그 끝에 우리는 첫 번째 질문에 답할 수 있을 것이다.

"가사노동만이 무료 노동인가?"

　　농장에서 여성들은 모든 생산에 참여한다. 시장으로 향하는 생산에도, 집계되는 자가소비를 위한 생산에도 그러하며 이는 남성들도 마찬가지다. 그러나 여성들만이 '가사노동'이라고 일컬어지는 특정한 자가소비 생산을 행한다. 여성 농업인의 시간 예산을 다룬 연구는 '가사노동'과 '직업노동'을 구분한다. 대부분의 저자는 이 두 가지 노동을 구분하기가 굉장히 어렵다고 지적하고, 이 과업들이 사실상 서로 얽혀 있다고 주장한다 (Bécouarn 1972). 바스티드와 지라르(1959)는 여성 농업인들이 하루 평균 약 네 시간 직업노동에 종사한다고 했고, M. 알로젠은 이 시간을 다섯 시간으로 추정했다(Allauzen 1967).

　　그러나 이때 직업노동과 가사노동을

구별하는 기준이 무엇인지 의문이 생긴다. 표면상으로는 '농장'과 '집' 사이의 구분이 그 기준이 된다. 더 정확하게는 회사/가정의 구분을 농장에 적용한다고 볼 수 있다. 그러나 이 대립 속에는 또 하나의 대립, 즉 생산과 소비 간의 대립이 숨어 있고 후자 없이는 전자가 성립하지 않는다. 그렇지만 이 대립은 가사노동을 단독으로 분리하는 데 활용될 수는 없다. '회사'에서 이루어지는 생산의 일부분이 가정에 의해서 곧장 소비되기 때문이다. 교환 가치와 사용 가치 간의 구분―시장을 위한 생산과 소비를 위한 생산 간의 구분―역시 암묵적으로 받아들여진다고 할지언정 적절한 기준이라고 볼 수는 없다. 이런 구분은 '가사노동'과 '직업노동'을 구분하는 대신에 '직업노동'의 일부와 '가사노동'을

'직업노동'의 다른 일부와 분리하게 될 것이다. 왜냐하면 직업노동에는 노동의 모든 생산이 포함되어 있고, 그중 대다수가 자가소비되기 때문이다. 다른 말로 하면, 사용 가치를 내포한다는 뜻이다.

농장이 '직업적' 활동의 본부와도 같은 집이라는 장소와도, 그리고 시장을 위해서만 생산하지 않는다는 점에서 회사와도 등치되지 않는다면 이를 어떻게 정의할 수 있을까? 이 경우 직업노동의 정의는 무엇일까? 사실상 '직업노동'은 '농장'과 연결되는데, 여기서 농장의 정의는 존재하지 않는다. 정의가 없다면 우리는 이러한 용어와 일치하는 경험적 대상이 무엇인지 찾아야 한다. 우리는 '직업'이라는 용어가 회계 처리되는 생산 활동에 적용된다고 인식할 수 있다. 그

가족이라는 위계 집단

런데 가정-농장에서 발생하는 모든 생산 가운데 '가사노동'이라고 불리는 것만을 제외하면 나머지는 모두 회계 처리된다. 그리고 가사노동 자체는 암묵적으로 '직업노동'의 반대 항 혹은 그 나머지로 정의되며, 그 밖에 있는 듯이 여겨진다. 따라서 우리는 엄청난 환원 논리를 맞닥뜨린다. 이는 분명 이론적인 교착점이다. 직업노동과 농장에 대한 공식적이고 경제적인 정의가 없다.(이 둘은 상호 되먹임 관계에 있기 때문에 한쪽이 정의를 갖지 못하면 다른 한쪽도 가질 수 없다.) 또한 직업노동이 경제적 정의를 가지지 못하면, '가사노동'을 이로부터 공식적으로 구분하는 특징 또한 있을 수 없기 때문에 가사노동 역시 정의될 수 없다. 그래서 분명 서로 되먹임 상태에 놓여 있는 이 두 용어는 정의되지 않은 채, 자신들이 속해야 하는 경제적 논리 속이 아닌 다른 곳에서, 별개의 개념이 아니라 그저 서로 반대되는 경험적 대상으로서 존재하게 된다.

그리고 이 교착점에서 나가는 방법은 또다시 경험으로부터 찾아야 한다. 혹은 이 두 '노동'이 정의되는 비공식적인 영역이 어디인지 살펴야 한다. 우리는 연구자들이 다른 행위와 경제적 측면에서 거의 구별되지 않지만 농업인의 아내들이 실시하는 특정 행위를 '가사노동'이라고 부른다는 것을 알 수 있다. 농가에서 이 행위들과 다른 행위를 구분 짓는 유일한 지점은 이것들을 비농업 가정에서 이루어지는 해당 행위와는 구별 짓지 않는다. 이 행위는 특별히 농업과 관련이 있지 않으며, 다른 곳에서도 행해진다. 요

가족이라는 위계 집단

컨대, 연구자들은 농업의 자가소비를 위해서 특별히 일어나는 생산이 아니라 자가소비를 위한 모든 생산에서 공통되게 나타나는 일을 '가사노동'이라 부른다.

따라서 '직업노동'은 '가사노동'을 제외하고 남은 부분이며, 그럴 수밖에 없다. '직업노동'의 정의는 일련의 행위의 총합으로 규정되는 가사노동의 정의에 달려 있다. 그리고 이 행위의 총합에 대해서 사회학적이라 부를 수 있는 유일한 특징은 농가뿐 아니라 비농가에서도 이루어지는 자가소비를 위한 노동이라는 점이다.

요약하자면, 집계되는 자가소비의 정의는 자가소비된 농산물 전체로부터 도시 혹은 농촌의 모든 가정에서 자가소비되는 생산을 뺀 부분인 것처럼 보인다. 이 정의는 우리가 농촌 가정에 도시의 기준을 부적절하게 적용하고 있다는 걸 보여준다. 이 정의에 따르면, 생산은 집 바깥에서 일어난다고 여겨지며 가정 내에서 일어나는 모든 일은 비생산적이라고 간주된다. 이에 따라 도시의 가정 내에서 수행되어서 필연적으로 비생산적이라고 불리는 모든 행위가 농업에서도 '비생산'이라 칭해지게 된다. 그러나 이때 문제는 산업 회계 범주를 농업에 적용하는 것이 적합한가라는 의문보다 훨씬 광범위하다. 도시의 가정은 비생산적이라고 알려져 있지만, 실제로는 생산적이다. 우리는 직업으로서의 농업 노동뿐 아니라 모든 종류의 직업노동이 가사노동을 제외한 부분이라는 경험적 정의를 갖는다는 가설을 세울 수 있다. 사실 농가가 아닌 가정에서 이루어지는

가족이라는 위계 집단

노동이 비생산적이라고 선언하는 일을 정당화하기 위한 유일한 방법은 (공식적으로 집계되는 농산물 자가소비를 포함해) 자가소비를 위한 모든 노동이 비생산적이라고 주장하는 것이다.

우리의 가설에서는 가사노동이 생산적이라 여겨지지 않으며 집계되지도 않는 이유가 그것이—가사의 영역에서—무료로 이루어지기 때문이라고 본다. 가사노동은 보수를 지급받지 않고, 일반적인 방식으로 교환되지도 않는다. 그 까닭은 이 노동을 구성하는 서비스의 성격(이 모든 서비스를 시장에서도 찾을 수 있다)이나 이를 제공하는 사람의 특성(가정에서 무상으로 갈비를 굽는 여성이 다른 가정에서 같은 일을 하면 곧장 보수를 받는다) 때문이 아니라, 아내라는 이름의 노동자가 가정에서 그의 '주인'과 맺는 계약의 특수한 속성 때문이다. 그러나 사실 노동의 무보수성은 가사노동만이 아니라 자가소비를 위해 이루어지는 모든 일에도 해당한다. 어떤 저자들은 가사노동이 생산적이고 필수적이며 보수를 지급받지 못한다는 사실로부터, 우리가 자가소비를 위한 것이라고 칭하는 모든 가사노동—생산 자체를 위한 모든 노동—이, 부당하게 보수를 얻지 못한다는 의미에서 무료라고 결론지었다 (Dalla Costa, James 1973).

이들은 모든 가사노동, 한 사람이 아내로서 하는 노동뿐 아니라 스스로를 위해서 하는 노동 역시 국가에 의해서 보수를 지급받아야 한다고 결론 내렸다. 그러나 이는 충분히 엄밀하지 못하여 가사노동을 수행해

가족이라는 위계 집단

야 하는 과업으로 정의함으로써 생겨난 오류로 보인다. 스스로를 위해 행한 서비스를 무료 노동이라 칭할 수 있을까? 무료 노동이라 칭할 수 있는 활동은 어떤 사회적 생산 조건에서 이루어지는 것일까? 우리는 무료 노동이라고 부를 수 있는 건 오직 타인을 위해 제공된 서비스라고 본다.

여기서 농촌의 자가소비를 예로 들어보자. 예를 들어서 한 농업인(여성이든 남성이든)이 자기 빵을 만든다. 이 활동은 국민계정에서도 생산적인 것으로 여겨진다. 그가 이 빵을 먹지 않는다면 팔 것이고, 굽지 않는다면 사야 할 것이다. 그러나 국민계정에 집계되는 이 활동은 추가적으로 보수를 받아야 하는가?(달리 말하자면 이 노동은 '무료'인가?) 만일 농부가 빵을 굽지 않았는데 누군가 그 행위에 대해서 지불하는가? 그렇지 않다. 우리는 당연히 그가 스스로에게 보수를 줄 것이며, 그가 빵을 굽지 않았다면 제빵 행위에 대한 보수는 그에 의해서 스스로가 아닌 제빵사에게 지불된다고 여긴다. 이때 빵 굽는 비용은 그가 절약으로서 이미 인식하기 때문에 이 가치를 국내총생산에 포함하는 것이 적절하다고 볼 수 있다. 빵 하나가 실질적으로 구워졌으며, 생산자가 빵을 즉시 (혹은 조금 이따가) 소비하는지 여부는 이 빵이 부의 총량을 늘어나게 했다는 사실에 영향을 미치지 않는다. 빵이 시장을 거치지 않으므로 운송 비용과 상업적 서비스 비용은 포함되지 않지만 그렇다고 해서 빵이 생산되었다는 사실 자체는 달라지지 않는다.

가족이라는 위계 집단

한편, 이 빵의 가치는 농부의 수입에 더하는 게 적절할 것이다. 늘어난 부를 누리는 건 그 자신이기 때문이다. 그가 그 빵을 먹는 대신 팔았다 해도 마찬가지다. 두 경우 모두 그는 빵 하나만큼 더 부유해졌다.

반면 (돈으로) 지불받지 못한다고 해서 그가 '무료' 노동을 했다고 본다면 큰 실수를 저지르게 되는 셈이다. 그는 빵을 하나 더 소비함으로써 혹은 제빵사의 서비스를 이용할 금액을 아낌으로써 사실상 보상을 받았다. 모든 경우에 그는 금전적 계산(예를 들어, 절약한 금액 또는 소비한 시간)의 측면에서 좋든 나쁘든 수입을 얻었다. 그러나 이건 중요하지 않다. 왜냐하면 그가 스스로 자신의 보상을 정했기 때문이다.

때문에 어떤 노동이 생산적이며 동시

에 외부 기관에 의해서 보수를 받아서는 안 된다고 말한다 한들 모순이라고 볼 수 없다. 이 생산적인 노동은 생산자의 부에 한 요소를 추가했고, 따라서 그에게 보수가 지불되었기 때문이다.

이 노동에 대해 지불하는 건 비합리적이다. 그렇게 되면 이미 보상이라고 칭할 수 있는 이득에 더해 이중 지불을 하는 셈이 된다. 이런 식의 논리는 우리가 스스로에게 수행하는 모든 서비스에 적용될 수 있으며, 그렇게 하는 것이 마땅하다. 이 모든 서비스는 회계상에 기록될 수 있고 기록되어야 하지만, 이 서비스에 대한 보상이 지급되는 시점은 스스로 소비한 그 즉시다. '스스로 소비한 그 즉시'라는 단락을 빼도 된다. 왜냐하면 스스로를 위해 생산한 서비스는 그 정의상 스스로에 의해 소비되며 혹은 많은 경우 생산의 순간과 그 과정 중에 소비되기 때문이다.(예를 들면 세신을 하는 일 등이 그렇다.)

따라서 이 경우 노동은 스스로에 의해서 전유된다. 이는 지불받지 못했다고 하더라도 보상을 얻은 노동이다. 누군가에게 '이득'을 준 이상 이는 노동이다. 그러나 그 이득이 스스로에게 돌아갔고 그 보상 역시 스스로가 얻은 것이므로 '무료' 노동이라고는 할 수 없다.

이로부터 '무료 노동'이라고 불릴 수 있는 유일한 노동은 지불받지도 보상을 얻지도 않은, 다른 이를 위해 행해지는 노동이라는 점을 도출할 수 있다.

따라서 노동은 다음 중 하나에 해당한다. 집계되고 보수를 받는 노동(자신의 빵을 구운 농부의 노동), 집계되고 보수를 받지 못하는 노동(남편의 빵을 굽는 농업인 아내의 노동), 집계되지도 보수를 받지도 않는 노동('가사노동').

회계 처리는 보수를 전제하지도 유발하지도 않는다. 반면 무보수라는 속성은 분명 비-집계를 초래한다. 똑같이 보수가 없는 일을 국민계정에서 다르게 처리하는 것은 설령 국민계정의 목적(회계상의 정합성)을 해치지 않는다고 하더라도 가정 내에서 자가소비를 위해 실시된 노동 내부에 단절을 만들어낸다. 국민계정은 가정을 하나의 단위로 간주하나, 가정에서 누가 무엇을 어떤 조건에서 제공하는지(보수를 받는지 무료로 하는지) 별로 알고 싶어하지 않는다. 스스로를 위해 '생산'하고 소비하는 것이 바로 '가

가족이라는 위계 집단

정'이다. 정의에 따르자면, 재화와 서비스는 가정에서 가정 바깥으로 흐르거나 그 반대지만, 그 내부에서는 아무 일도 일어나지 않는다. 국민계정에는 개인도, 가정 내에서 제공되는 서비스도 없고, 결과적으로 교환과 비–교환이라 부를 만한 양식도 없다.

반면 개인들의 생산 관계에 주목하는 관점에서는 다음의 사실을 근본으로 여긴다. 바로 가사노동이 가정의 영역을 넘어선 뒤라야 연구 대상으로서 존재할 수 있게 된다는 것이다.

바로 여기에서부터, '무료'라는 가사노동의 속성의 의미를 구체화할 수 있다. 이 노동이 지불받지도 보상을 얻지도 않는 까닭은 타인을 위해서 실시되기 때문이다.

그렇기 때문에 가사노동은 더는 이를

구성하는 과업의 일부분 혹은 전체로서 정의되는 게 아니라 특정한 생산 관계, 특정한 노동 관계로 여겨진다. 가정 혹은 가족 내에서 타인을 위해 실시되는 모든 노동이자 지불되지 않는 노동으로 이해되는 것이다. 이 관점에서, '가사'노동과 농업인의 아내, 가내 공업 종사자의 아내, 상인의 아내가 하는 나머지 노동 사이에는 어떠한 차이도 없다. '가사'노동과 '가정부'의 '직업'노동 간의 차이도 마찬가지다.

이는 왜 농업인의 아내들이 사회학자들의 요청에 따라 자신들의 '가사' 활동과 '직업' 활동을 구별해내는 데 그토록 어려움을 겪는지를 명백히 설명해준다. 그 원인 중 하나는 당연하게도 서로 다른 과업이 뒤얽혀 있고, 동시에 끊임없이 여러 과업을 이어서

가족이라는 위계 집단

해내야 하기 때문이다. 그런데 이 원인 자체도 이러한 과업의 비-구분이 일어나는 주요 이유로 인해 발생한다. 바로 '농장' 일과 '집안'일이 같은 생산 관계 안에서 완수된다는 점이다. 그리고 이 두 가지 노동이 서로 다른 과업들로 이루어진다 해도('직업'노동과 '가사'노동의 총체는 서로 별개이며 각각 다른 과업으로 구성된다), 두 노동은 결국 단 하나의 동일한 노동을 구성하는데, 바로 아내의 노동이다.

비교할 목적으로, 혹은 기술적인 평가를 위해 특정 과업들을 분리하는 편이 적절하다고 할 수 있겠지만, 가사노동의 경제적인 속성을 해석하고자 한다면 경제학적인 정의를 채택하여야 한다. 그리고 그렇게 하기 위해서는 반드시 가정 내에서 일어나는 노동 전체를 고민하고, 동일한 생산 관계 안에서 실행되는 모든 노동을 다루어야 한다.

'가사'[2]노동의 구조적 속성에 대해 이야기할 때 계속해서 이 노동을 과업의 총합으로 정의하는 건 용어 간의 모순을 초래한다. '가사노동'이 무급이라는 속성을 해석하거나 설명할 때, 모든 무료 노동('노동'인데 '무료'로 정의되는 모든 것)이 고려될 수 있어야 한다. 그렇게 해야만 미리, 경험적으로 한정하지 않고 연구 대상으로서의 범주를 정할 수 있다. 달리 말하자면, 경험적인 대상도 그 자체로 이론적으로 한정되어야 한다.

가사노동의 특징적인 생산 관계가 가사노동에만 해당하지 않고 혹은 가사노동에만 한정되지 않고 다른 종류의 과업과 노동역시 특정 지으므로, 우리는 가정 내 노동이

가족이라는 위계 집단

라는 개념으로 가사노동의 개념을 대체하기를 제안한다. 연구 대상은 분명 사회학적이고 광범위한 의미의 집에서 무료로 실시되는 노동이기 때문이다. 가사노동에 대한 잘못된 정의는, 더 정확하게는 일반적으로 통용되는 정의와 기술적 정의 그리고 생산 관계 연구 사이의 모순은 연구에 한계를 불러왔다. 가사 내 모든 과업에 대한 임금 지급 요구가 그 비합리성을 보여주는 하나의 증거ㅡ비록 한계를 가장 심각하게 드러내는 사례는 아니나 이는 또 다른 문제다ㅡ라고 할 수 있다.

주

1   초기 저작으로 보자면 1970년 Benston, Larguia, Delphy, Olan, Mainardi가 있다. 이후 너무나 많은 이가 이 주제를 연구했기 때문에 이들을 전부 언급하기는 무리가 있다.

2   ménager. 흔히 '가사'로 번역되는 해당 단어는 주부라는 뜻과 함께 기업의 관리자도 일컫는다.―옮긴이

가족과 소비

한집안 식구는
같은 것을 먹는가?

가족의 보편적인 기능이라 알려진 것이 있다면 바로 '소비'다. 이 점을 언급하는 책을 전부 열거하자면 지겨운 일이 될 것이다. 사회학자라면, 더 일반적으로 가족을 다루는 저자라면 이를 암시적으로나마 언급하지 않는 경우가 없기 때문이다. 한편 오늘날 소비는 '현대 가족'의 핵심적인 기능 중 하나로 소개된다.

가족이 기능을 수행한다는 말은 가족이 기존의 필요를 충족시킨다는 의미를 함축한다. 소비는 분명 그 예다. 저자들의 주장과 상식에 따르면, 이때 필요란 기업에서 자신들이 생산한 상품이 구입되기를 바라는 사회적이고 이차적인 필요를 일컫는 게 아니라, 인간이 물질적으로 생존하기 위한 보편적인 필요를 말한다. 소비라는 기능이 우

이 글은 *Les Cahiers internationaux de sociologie*(1975)에 실렸다.

선적으로 만족시키는 건 바로 이 필요다.

이 필요가 일차적이며, 이 필요를 만족시키는 일이 모든 사회적 삶에 선행하는 요건이므로 이 기능 역시 가장 중요하다는 사실을 부인할 수는 없다. 이 필요는 생물학적인 차원이므로 보편적이며, 생물학적이기에 별개의 물질적인 단위로서 개인의 필요다.

만일 우리가 가족이 이 기능을 만족하는 제도 혹은 제도 가운데 하나라고 본다면, 다음 단계는 가족이 어떻게 소비에 대한 필요를 만족시키는지 연구하는 일이 될 것이다. 그러나 가족과 소비의 '기능'이 사회적으로 또 이론적으로 중요함에도 이 주제를 다룬 문헌은 놀라울 정도로 빈약하다. 알려진 가족사회학 연구 중 어떤 연구도 소비를 연구 주제로 다루지 않았고, 하다못해 연구의 지표로도 삼지 않았다. 설령 소비라는 기능이 구체적인 조사 대상으로 설정되지 않았다 해도, 일반적인 이론 전개에서 그것을 다룰 법하다. 그러나 소비를 필수적으로, 심지어는 거의 의례적으로 언급하는 경우를 제외하면 관련 연구의 발전은 이루어지지 않았다. 사실 소비 기능이 존재한다는 주장은 부정적인 뉘앙스를 담고 등장하곤 한다. 소비 기능은 경제 구조 속에서 가족에 남겨진 거의 유일한 기능처럼 여겨지곤 한다. 영광스러운 과거에 가정이 수행했던 포괄적인 경제적 역할로부터 잔존하는 부분인 것이다. 소비는 일반적인 가족(특정 형태의 가족을 제외한)이 최근 들어 시장을 위한 생산뿐 아니라 모든 생산의 역할로부터 배제되었다는 주장—자주 앞세워지지만 결코 입증되지 않은—의 일부로 언급된다.

마치 가족이 생산 역할을 상실했다는 주장을 뒷받침하는 동시에 이런 변화에도 불구하고 가족이 경제 구조 안에서 필수적이라는 걸 확인하기 위해 소비가 강조되고 있는 형국이다. 듀발(Duvall 1957)의 유명한 문장인 "가족은 생산에서 소비로 이동했다"라는 말은 이러한 방식의 사유를 뒷받침한다고 할 수 있겠다.

결과적으로, 가족사회학에서는 이론적 차원에서조차 소비의 기능을 그 자체로 다루고 있지 않다. 소비는 일반적인 역사적 관점에서만 고려되며 가족 역할의 발전과 '기능' 차원의 득실을 따질 때에만 등장한다.

소비 기능의 속성뿐 아니라, 해당 기능과 가족이 맺는 관계도 그다지 밝혀지지 않았다. 가족은 많은 경우 '소비 단위'라고 불리는데, 우리는 이러한 규정에서 소비와 단위라는 표현이 어떤 정의를 가지는지 알지 못한다. 또한 문헌에는 가족 외의 '소비 단위'에 대한 언급이 없다. 이 두 가지 종류의 침묵은 궤를 같이한다. 어떻게 정의를 내리는 기준이 부재한 상황에서 다른 단위를 규명하겠으며, 어떻게 같은 관점에서 다수의 제도를 고려해 공통의 특성을 밝혀내지 않고서 그 기준을 정립할 수 있겠는가?

얼핏 보기에 경제학은 이 지점에서 사회학과 달라지는 듯 보인다. 경제학이 두 종류의 소비 단위를 언급하기 때문이다. 그러나 들여다보면 이것이 사실이 아니라는 걸 알 수 있다. 이 두 가지 유형은 무엇인가? 바로 '일반적인' 가계와 '집합적인' 가계(통계청, 1973)다. 후자는 노인 호스피스나 기숙사 단지, 학생 기숙사를 의미한다. 용어는 많은 것을 말해준다. '집합' 가계는 법적인 소비 단위가 아니라 '일반' 가계, 즉 가족을 적절히 구현한 가계라는 개념의 실용적 확장에 불과하다. 이 범주를 구성하는 내용 역시 많은 것을 알려준다. 집합적 의미의 병사나 기숙생은 집합 가계에서 제외되며 그렇다고 제3의 유형을 이루지도 못한다. 그러나 언급한 장소들의 장長이 하는 소비는 고려되어야 하며, 실제로 고려된다. 이들의 소비는 '일반 가계'의 소비에 '합산'된다. 이렇게 개인과 개인의 소비가 '일반' 가계와 연관되는지 혹은 연관되지 않는지 여부가 혼재된 기준, 따라서 '일반' 가계와 '집합' 가계의 분배가 혼재된 이 기준은 소비 자체와는 동떨어져 있

가족이라는 위계 집단

다. 병사와 기숙생은 '소비 단위'가 아니다. 해당 집단이 법적으로 가장 휘하의 '일반 가계'에 속하는 미성년자로 이루어져 있기 때문이다. 반면 호스피스는 성년인 노인으로 이루어지기 때문에 소비 단위로 집계된다.

가족 외의 소비 단위는 따라서 가족 모델을 기반으로 규정되는 한편, 그 구성원을 가족에 연관시키기 불가능할 때만 소비 단위로서 인정된다. 경제학에서건 사회학에서건 가족은 하나의, 따라서 다수 단위의 규정을 가능케 하는 기준에 따라 소비 단위라 불리는 게 아니다. 그 반대로 '일반' 가계가 소비 단위를 정의한다. 그리고 이 일반 가계 자체는 법적인 기준—예를 들어 가장의 권위, 개인의 지위—에 의해서 정의되며 사실상의 기준—예를 들어 동거 여부—에 의해서 정의되지 않는다. 중요한 건 법률적 가족이다. 그런데 반대로 사회학자들이 말하는 '소비 단위'는 경제학자의 '소비 관찰 단위'에 해당한다. 이는 재화와 서비스의 수요에 대한 연구〔완곡하게 '전문적인 목적을 위한 가계의 소비 양상 진화 연구'라 불리는(Jousselin 1972)〕처럼 특정한 목적을 띨 때 의미를 갖는다. 그런데 만일 이것이 연구의 목적이라면, 개인의 소비를 연구해서는 의미가 없다. 가계의 소비를 연구할 필요도 없다. 더 넓은 규모의 결집체를 두고 연구해야 한다. 그러나 연구자들이 대체 어떤 회계 장부를 살펴보고, 대체 어떤 실체를 가진 대상자를 연구해야 한단 말인가? 가계는 분명 소비의 집합체이며 시장에서 유일한 수요자처럼 묘사되지만 사실은 유일한 집합체도 유일한 수요자

가족이라는 위계 집단

도 아니다. 따라서 경제학자들의 접근은 그들의 야망이 총수요를 파악하는 데 한정되고 그 사실을 있는 그대로 드러낼 때에만 정당화될 수 있다. 그러나 현실은 그렇지 못하므로, 현재 소비에 대한 연구는 다양한 문제를 안고 있다.

1. 시장에서의 수요를 지칭하는 용어로 소비가 쓰이고 있다. 관련 잡지나 연구의 명칭들은 연구 대상이 소비라는 인상을 준다. 그러나 연구자들과 독자들이 떠올리는 소비는 법인에 의해 이루어질 수 없다. 우리가 소비라고 말할 때, 이는 가계 구성원에 의해서 실시되는 소비를 의미한다. 이 소비는 우리가 생각하는 대로 개개인에 의해서 일어나며, 제도로서의 가족이 드물게 이용하는 서비스에 대한 것이 아니다. 마찬가지로,

사회학이 이 영역에서 가족의 '기능'을 밝혀
낸다면 이때의 기능은 가족 구성원 각자의
물리적이고 개인적인 필요를 만족시키는 것
이다. 구매는 집합적으로 일어날 수 있지만
실질적인 소비는 확실히 개인적이다.

　　재화와 서비스의 구입은 소비 활동의
한 측면일 뿐이다. 그러나 통계경제학 연구
에서는 엄밀한 의미에서의 소비를 전혀 다
루지 않는다. 개인의 소비를 다루지 않는다
는 의미다. 그 대신, 일부(수요 시장에서 가
족의 상황)를 전체로 환원하면서 마치 개인
의 소비가 연구되는 것처럼 가장한다. 게다
가 그렇게 함으로써 통계경제학은 시장의
관점에서 집합적 주체인 가족이 소비의 관
점에서도 집합적인 것처럼 보이게 한다(Gal-
braith 1973).[1]

2. 소비를 계산하는 단위로서 가계를 선택하는 일에는 논리적인 함의와 결과가 존재한다. 그렇게 함으로써 모든 개인 소비는 '관련 가계'라고 할 수 있는 '일반' 가계로 합산되고 전가된다. 통계청에서 실시된 한 연구는 이 점을 명시적으로 언급한다. "본 연구에 해당하는 영역은 재화와 서비스에 대한 지출에 한한다. 여기에는 상품의 구입, 주거지 밖에서 이루어진 소비, 수당과 서비스에 대한 지불이 포함된다(통계청, 1973)." 가계 구성원의 모든 소비가 어디에서 이루어졌든 간에 이것이 가계의 생활 수준 평가에 고려되었음을 알 수 있다. 이때의 소비에 하물며 기숙사에 거주하는 고등학생의 소비도 포함된 것으로 보아, 이런 선택은 단 하나의 가정으로만 설명될 수 있다. 바로 구성원이

소비를 하는 위치가 어디이든 간에—집에서 아무리 멀리 떨어져 있어도—가족이 구성원을 위한 분배 기관의 역할을 수행한다는 것이다.

소비라는 단어의 사용은 개인의 소비를 연구한다는 함의를 갖고 있다. 소비—모든 소비와 가계와의 관계—를 관찰할 때는, 반드시 분배가 연구되어야 한다. 그러나 우리는 분배를 다룬 연구 문헌이 무척 적다는 것을 알 수 있다. 관련 연구가 존재하지 않을 뿐 아니라 해당 주제는 이론적 측면에서조차 다루어지지를 않았다. 마치 분배에 대한 연구가 쓸모없기라도 한듯, 전부 금지되다시피 했다.

개인 소비에 대한 연구는 이미 이루어졌(다고 잘못 여겨지)기 때문에 무용하다. 『소비』에 수록된 데스의 글(J. Desce 1969)에 붙은 제목 역시 "개인적 소비와 집합적 소비"다. 이 글에서 '집합'은 무료 사회 서비스를 의미하고 '개인'은 유료 재화와 서비스를 의미하는 것으로, 둘 다 가계가 획득한 것이다. 한 차원—획득 방식—이 다른 차원—소비 방식—으로 기이하게 전이되면서, '유료-무료'의 대립 쌍은 이제 '개인-집합'으로 읽히게 된다. 동시에, '개인-집합'의 대립이 '사람-가계'로 읽힐 가능성은 배제되고 그에 따라 가계 내부의 재화 분배에 관한 문제 역시 사라진다.

모든 개인 소비를 가족 집단에 결부시키는 관행은 해당 집단이 실제로 분배 기관이고, 그 자체로서 인정되고 연구될 때만 의미를 가질 수 있다. 하지만 가계를 관찰 단위로 보는 바로 그 선택이 연구를 막는다. 가족을 단위로 보는 것은 가족의 소비가 아니라 그저 가족이라는 결집체의 소비만을 보게 한다. 연구되는 것은, 혹은 연구될 수 있는 것은 가족들 그 자체가 아니라 가족이 결집되는 방식이나 서로 구분되는 방식에 불과하다. 게다가, 이러한 연구가 명시적으로 관심을 가지는 유일한 분배는 "서로 다른 범주 간 생활 수준 비교"가 된다(Jousselin 1972).

이렇게 비교를 할 때 골칫거리가 되는 것은 가계에 대한 정의다. 가정에 거주하는 하인, 임금노동자 및 견습생은 소비의 관점에서 보면 가계의 일부로 간주된다. 그 결과, 가계를 대상으로 농촌 임금노동자의 생활 수준에 대한 연구를 할 때 고용주 가정에 숙식하는—또한 그 결과로 구속되어 있는—

임금노동자는 자신의 가족에 포함되지 않는다. 그러나 사실상 생활 수준이 가장 낮은 것은 바로 그들이다. 임금을 받아 생활하는 가계에서 이들이 배제되는 것은 해당 가계의 평균 생활 수준을 높이는 효과를 낸다. 반대로, 그들이 구속된 상태는 결과적으로 관련 가계의 생활 수준, 즉 고용주의 계급을 낮춘다. 상호연관된 두 효과는 결국 두 계급 간의, 결코 무시할 수 있는 수준이 아닌 경제적 격차를 최소화하게 된다.

그러나 사회적 범주 간의 왜곡된 비교는 특정한 계급 관계(예를 들어 하인과 고용주의 관계)가 수행되는 바로 그 장소—가계—를 해당 관계가 무효화되는 장소로 간주하는 중죄에 비하면야 경미한 죄다.[2]

분배에 대한 연구가 없다는 사실에는

한 가지 긍정적인 의미가 있다. 가족이 더 큰 총체의 한 단위라는 관점만이 고려되었으므로, 해당 관점만이 적절하다는 걸 보여준다는 점이다. 특히, 분배 연구의 부재는 외부에 대한 단위인 가족이 그 자신에 대한 단위이기도 하다는 생각을 할 여지를 만들어준다. '소비 단위'라는 용어가 불러일으키는 이미지 중에는 공통의 소비, 즉 균질한 소비의 이미지가 있다. 이 이미지에는 공통으로 이루어지는 소비와 편차가 존재하지 않는 소비가 동시에 내포되어 있다.

　　　그러나 이 함의들은 일상의 경험에서 얻은 자료를 통해 반박된다. 가족 구성원 간에 소비량이 평등하지 않다는 사실은 인식 가능할 뿐 아니라 가족 구조의 구성 요소로 여겨진다. 소비에서 드러나는 차이는 서로 다른 가족적 지위가 존재한다는 사실과 관련이 있다. 이 차이는 일반적인 사회적 행위자들의 지위를 인식하는 데 그리고 관련된 이들이 그들의 특수한 지위를 가늠하는 데 주요한 역할을 한다.

소비에 대해 현재 진행되는 연구는 반대되는 전제 위에 서 있다. 지금의 연구들은 개인의 소비를 단순히 무시하는 정도가 아니라, 마치 연구하지 않았음에도 이를 꿰뚫고 있는 것처럼 가장한다. "연간 개인 소비 평균치는 단순하게 표에 기입된 수치를 (…) 사람 수로 나눈 값이다"(통계청, 1973)라는 말을 보라. 하지만 이때 상기해야 하는 사실은, 관련 가계 내에서 소비되는 전체 재화에서 동등한 몫을 얻고 있다고 여겨지는 개인들 중에는 기숙사에 보내진 아이들이나 파

병된 군인은 물론이고 하인, 임금노동자, 견습생도 전부 포함되어 있다는 점이다.

이 문제에 무지한 척 가장하면서, 소비를 다루는 현재의 연구들은 평등주의적인 이론을 택해 분배를 설명한다.

우리는 앞서 언급된 절차들이 우연의 결과가 아니며 그것들이 한 점으로 수렴하는 것도 우연히 이루어진 일이 아니라는 걸 이해한다. 단순한 계산 단위를 나타내는 '소비 단위'라는 용어의 사용은 유니타스(unitas, 동맹과 종파)를 함축하고, 분배 연구에 대상이 존재하지 않는 듯한 인상을 준다. 한편 통계적 관행은 가계를 유일한 관찰 단위로 설정함으로써 경험적 연구를 불가능하게 한다. 이 모든 절차는 실질적인 분배 연구를 막는 방향으로 수렴한다. 이런 연구는 우

가족이라는 위계 집단

선 현재의 연구가 암묵적인 가정, 즉 평등주
의적 분배에 기초하고 있다는 사실을 밝힘
으로써 그 기반을 약화할 위험을 안고 있기
때문이다. 또한 실질적 연구는 일상의 경험
에서 인상주의적인 방식으로 이해되는 사실
을 확증할 수밖에 없는데, 바로 소비 격차의
존재[3]다. 우리의 관점에서, 가족이 갖는 소
비 기능 연구는 구성원에 대한 배급 및 분배
기관으로서 가족의 역할에 대한 연구로 구
성된다. 그러므로 이 주제에 관한 연구는 가
족의 역할이 소비에 미치는 영향을 대상으
로 삼게 된다. 그러나 앞에 언급했듯이, 가족
을 소비 단위로 언급하는 어떤 연구도 이 단
위에 무엇이 들어가고 들어가지 않는지 그
범위를 확정하지 않는다. 연구의 틀 자체에
해당함에도, 가족 내 개인들의 소비는 아직

정의되지 않았다. 이는 장소와 무관하게 모든 구성원이 동석해 공통으로 행한 소비인가? 구성원 중 누가 있느냐에 상관없이 집에서 이루어진 소비인가? 혹은 장소나 자리에 있는 개인과 무관하게 가족 구성원에 의해서 이루어진 소비에 해당하는가? 이때 생각할 수 있는 기준에는, 장소—집 안 혹은 밖—나 가족 전체가 한자리에 있는지 없는지 외에도 반드시 고려되어야 하는 소비의 성격이 포함된다. 예를 들어 질문하자면, 특수한 소비—예를 들어서 직업 관련 소비—는 일반적인 소비나 식품 소비같이 가족적이라고 여겨지는 다른 비슷한 종류의 소비와 대비되는가?

연구 주제가 분배 기관으로서의 가족의 역할이라면, 모든 개인 소비는 가족 내 개

가족이라는 위계 집단

인의 지위와 연관되기 때문에 장소, 양태, 성격과 무관히 가족적이라고 간주되어야 한다는 점이 곧장 드러난다. 하지만 이 영역에 대한 기본적인 성찰과 연구조차 부재한 상황에서, 우리는 경험적으로 그리고 신중히 나아갈 수밖에 없다. 사실 여기서 중요한 것은 체계적인 연구를 위한 방법론적 기준을 정립하는 일보다, 예시를 들어가며 가족 소비에 대한 새로운 접근을 끌어내는 가정들을 표면화하는 것이다. 그렇기 때문에 특수한 소비 대신 집안에서 가장 자주 발생하는 소비 혹은 가족 전원이 있을 때 발생하는 소비를 예로 고르는 게 적절하다. 실제로 이러한 소비, 특히 음식 소비는 가장 자명하게 가족적인 소비다. 이는 진정한 의미의 공산주의 공동체, 즉 진정으로 공정한 분배의 이미지를 상기하는 소비이며, 위계의 영향에서 가장 벗어나 있는 소비다.

　　한편 공동체, 합의체, 가족 소비에 깃든 함의는 고려되는 가족의 소득이 낮을수록 더욱 강력해진다. 이런 믿음은 구체적인 분석에 근거하지 않으며, 대신 불평등이 '최저 생계비'와 관련되었을 때보다 '잉여'와 관련되었을 때 인간적으로 덜 잔인하다는 도덕적 감정에 근거한다. 도덕적으로 받아들여지지 않는 것은 이론적으로도 생각해낼 수 없는 것으로 여겨지기 때문에, 지금까지도 생각되지 않은 상태로 남아 있다. 이 감정은 소비라는 제한된 틀을 벗어난다. 엥겔스(Engels 1972)와 이후 보부아르(Simone de Beauvoir 1949)가 노동자 가족 내의 위계에서, 위계 자체를 근본적으로 바꾸지 못하고 그저 본질적인 '불행 속의 평등'—평등은 불행을 완화하며 유일하게 이로부터 경험적 사실을 해석해내게 한다—을 퇴색시킬 뿐인 '난폭함의 잔재'만을 보았다는 데서 이를 알 수 있다. 도덕적 감정은 또한 가족이라는 틀에서도 벗어난다. 마르크스주의 저자들은 소위 '생계'형 사회 내부에서 마주치게 되는 위계를 계급 즉 착취로 해석하기를 거부했고, '재분배 권력'이라는 기능주의적인 개념으로 완곡하게 설명했다. 그런데 잉여와 사회적 불평등이 동시에 존재한다는 사실은 경험적인 발견이 아니라 잉여의 발생이 불평등의 등장을 설명한다는 도그마의 한 요소다(Terray 1972).

전문가들과 외부인들은 시골, 특히 농촌 가정에서 서구 버전의 '생계 수준'을 찾기를 즐긴다. 이 지역에서는 시장으로 가는 생산에 비해 자가소비로 귀결되는 생산의 비중이 크다. 이런 상황이 연상시키는 자급자족은 현실과는 동떨어져 있고, 오히려 황금기—대중이 기묘하게도 19세기라고 여기는—에 관한 대중의 상상과 더욱 가깝다. 또한 '잉여'도 착취도 없는 '원시' 경제 환경에 대한 사회학자들의 상상과도 가깝다.

객관적으로, 이 범주는 산업사회에서 가장 낮은 소득 수준에 해당하며 따라서 생활 수준이 가장 열악한 가족들이 속한 범주다. 가족 구성원 간에 소비 격차(차별)가 발생하리라고 예상되는 마지막 사회 계층이기도 하다.

우리에게 소비 격차를 다루기 위한 과학적 자료가 전무하다는 점은 굳이 언급

가족이라는 위계 집단

할 필요도 없다. 소위 과학적이라는 자료는 오히려 소비 격차를 차폐하려 들기 때문이다. 따라서 이 글의 목적은 새로운 사실을 보여주는 것이 아니라 사회적 행위자들에 의해서 보편적으로 알려져 있는 사실들을 새로운 각도에서 조명하는 데 있다.[4]

마찬가지로, 농촌 가족과 음식 소비에 찍히는 이 방점은 이러한 분야에 대한 특별한 관심만으로는 설명되지 않는다. 그러나 일단 소비 격차가 있다는 사실이 농촌에서, 위에 언급한 이유로 확립되고 나면, 이제 그 기능의 원칙과 방식을 밝혀내야 한다. 달리 말하면, 제도로서의 소비 격차를 드러내는 방법을 찾아야 한다. 결국 중요한 것은 구체적인 사실로 돌아가게 해주는 문제의식을 도출하는 일이다. 조사가 대상을 지니려면 우선 그 대상이 구성되어야 하기 때문이다.

(19세기의) 전통적인 농촌 가족과 오늘날 프랑스 남서쪽에 주로 분포한 주변화된 가족 농장을 살펴보면, 식품 소비 양상은 가정 내 개인의 지위에 따라서 극단적일 정도로 달라진다.

이 차이는 음식의 양으로 나타나고 아동과 성인, 여성과 남성의 대립 구조를 낳는다. 성인 중에서도 노인은 중장년보다 덜 먹고, 하위 구성원이 가장보다 덜 먹는다. 가장은 가장 큰 조각을 먹는다. 그들은 또한 가장 좋은 음식을 차지한다. 양만큼이나 질에서도 차이가 두드러진다.

아이들은 이삼 년은 우유, 밀가루, 설탕만을 먹는다. 노인들, 특히 거동이 불편한 노인들은 모두 곡물, 우유, 버터 수프나 죽

위주로 먹는다.

고기가 식탁에 올라오는 일은 매우 드물다. 모두가 고기를 먹는 일은 더욱 그러하다. 가장이 먹기 위해서만 고기가 식탁에 오르는 일이 빈번하고, 특히나 그것이 정육점에서 사온 고기인 경우 더욱 그렇다. 농장에서 키운 가금류라거나 집에서 만든 저장식품과 같이 덜 비싼 고기는 그렇게까지 배타적인 특권의 대상이 되지 않는다. 그러나 여성과 아이들은 아버지만을 위한 좋은 부위를 결코 맛볼 수 없다.〔사교 행사가 있는 경우에는 중요한 손님에게 좋은 부위가 돌아간다. 장자크 카조랑은 그 자체로 귀한 햄에서도 가장 좋은 부위는 미래의 사위 앞에 놓인다고 썼다(Cazaurang 1968).〕유아와 노인 역시 이를 건드리지 않는다. 술은 소비의 편차가 강력하게 드러나는 또 다른 식품이다. 술은 성인 남성의 전유물로, 이때 여성과 아동은 배제된다.

음식에 대한 금기를 지키는 일은 강제와 금기 내면화에 의해 동시에 이루어진다.

움직임이 자유롭지 않은 어린아이와 노인의 상태는 이 강제를 너무나 쉽게 만들기 때문에, 강제는 무용함을 넘어서 비가시적이 된다. 강제는 아이들이 '도둑질'을 하는 시기에 들어서 필수가 되고, 가시화된다. 이 시기는 아이들이 아직 금기를 내면화하지 않은 때다.

이런 이유로 부엌에 있는 많은 음식이 성인 정도의 키로만 닿을 수 있는 높은 곳이나 빵 쟁반 위 혹은 찬장 위에 보관된다. 높이를 통한 이런 강제는 너무나 고전적인

가족이라는 위계 집단

것이어서, 여기에 도전하는 아이들이 수많은 민담에 주인공으로 등장한다. 이런 이야기 속 주인공은 일반적으로 용감하게 사다리를 이용해 문제를 해결하지만, 이야기의 결말에서는 불행히도 어른의 매가 개입함으로써 제재되거나 즉각적인 배탈이라는 천벌로 응징된다. 한 잼 회사에서는 잼 단지에 손가락을 담그고 있는 어린 여자아이의 이미지를 광고에 사용하기도 했는데, 여기에서도 아이는 의자 위에 올라가 있다.

　특정 음식이 아동으로부터만 물리적으로 보호된다면, 일가족 전원으로부터 보호되는 음식도 있다. "부엌에 두지 않는 게 낫다고 여겨지는 음식은 침실로, 특히 집주인의 침실로 올라간다. 예를 들어 소시지와 같은 돼지고기는 때때로 위층 거실에 두고 마저 말린다. 그렇게 함으로써 늘 굶주린 젊은이들이 고기를 건드리는 것도 막을 수 있다. 마찬가지 사고방식에 따라, 위층에 그 주분의 빵이 담긴 쟁반을 올려두고 필요할 때만 빵을 배분한다(Cazaurang 1968)." 물리적 거리를 두는 특정한 금지 조치는 여성을 제외한 가족 전원에게 적용된다. 더 정확하게는 '안주인'만 예외로 취급되는데, 사실 안주인에게마저 이런 조치가 적용된다면 상당히 번거로운 일이 될 것이다. 바로 그가 모든 음식을 준비하기 때문이다. 그는 설령 자신이 소비하지 않더라도 모든 음식에 접근할 수 있다. 그러나 이런 접근 가능성은 음식을 준비하는 사람으로서 그가 하는 일과 명백하게 관련되어 있다. 이때 그의 일에서 술은 예외로 치는데, 술을 마실 준비를 하는 일 자체

가족이라는 위계 집단

가 남성의 특권이기 때문이다. 술에 대한 물리적인 금기가 집의 안주인에 의해 이루어지는 때도 있다. 이때 '주인'의 술병을 건드릴 수 있는 것은 안주인뿐이다.

처벌과 위협, 구두 명령, 물리적 방해나 접촉 금지와 같은 모든 종류의 억압은 어린이가 대상일 때를 제외하고는 안전을 위한 조치에 불과하다. 혹은 그저 술의 경우처럼 구성원 간 소비 격차를 수립하고 유지하는 상징적인 역할을 할 따름이다.

소비 격차는 사실상 관습이나 다름없다. 이는 관계된 사람들이 그 제약을 내면화하고 마치 즉각적인 행동처럼 재생산한다는 뜻이다. 수많은 격언, 속담, 신념이 각자가 맡은 역할의 내용을 가르치고 그 역할을 정당화한다.

때로 이러한 계율은 사실 적시의 형태를 띤다. "여성은 남성보다 덜 먹는다"는 말이 그러하다. 혹은 식품 보건과 관련된 조언일 때도 있다. "어떤 음식이 '좋거나' '나쁘다'." 소비 격차의 규범적 측면은 이런 표현의 두 번째 부분에 등장한다. 여기에서는 이 '좋음' 혹은 '나쁨'이 개인의 지위에 따라 차별적으로 장기에 영향을 미친다고 언급된다. 이로써 "잼은 (오직) 아이들의 이를 썩게 한다"거나 "와인은 남성(만)의 힘을 돋운다" 등의 표현이 성립한다. 비슷한 맥락에서, 젊은 데이비드 코퍼필드*는 홀로 여행을 하다가 우연히 들어간 식당의 웨이터로부터 청소년에게 맥주를 주면 치명적으로 위험하다는 말을 듣는다. 그리고 웨이터는 그 대신 맥주를 게걸스럽게 먹어 치움으로써 데이비드의 생

---

* 찰스 디킨스의 소설 『데이비드 코퍼필드』의 주인공—옮긴이

명을 구한다. 한편 미美에 관한 고찰로 가장한 규범도 존재한다. "취한 여성보다 못난 것은 없다"(혹은 "술 마시는 여자는 텅 빈 여자"와 같은 도덕적 고찰)는 말은, 그 억압적인 실상을 가린다. '못날' 혹은 '아름답지 않을' 자유를 여성들에게 남겨줌으로써 이 억압이 만들어내는 이득, 즉 고급 소비의 독점에 대해서는 침묵하는 것이다. 로트 지방의 나이든 남성 농민이 천진하게도 그대로 내뱉는 문장과는 반대된다. "여자가 담배를 피우다니…… 이런 꼴은 처음 보는구먼…… 그런데 또 안 될 건 뭐겠어, 기분이 좋아지는데."

단백질이 전혀 포함되지 않은 아기와 노인의 식단은 영양 결핍으로 이어지고, 아기의 발달과 노인의 노화에, 결과적으로는 모두의 기대 수명에 심각한 영향을 미치게 된다. 단백질이 상대적으로 부족한 성인 여성의 식단은 전반적인 신체 상태에 영향을 미치며, 이는 임신이라는 생리적 부담으로 더욱 가중된다. 이에 따라 농촌 지역에서는 임신 기간에 임부와 태아 사망률이 상당히 높은 것을 확인할 수 있다.

그럼에도 유아와 어린이는 고기를 필요로 하지 않으며 여성들은 '덜' 필요로 한다고 여겨진다. 반대로 남성은 이 귀한 음식을 '필요로' 한다. '영양가 없는' 채소는 '남성의 배를 채우지 못하'나, 여성과 아이의 배는 채우는 듯하다.

토착 이론은 개인의 신장과 그의 신체 기관에 필요한 음식의 양 사이에 상관관계가 성립한다고 전제한다.[5] 그러나 이 전제가 분배의 원칙이 아니라 합리화에 불과하

가족이라는 위계 집단

다는 것은 이 상관관계에서 드러나는 예외의 수만 봐도 명백해진다. 남편, 사장, 아버지, 장자는 그 자신이 아무리 왜소하더라도 자신과 신장이 비슷한 여성이나 노동자, 아이, 동생에게 특권을 양보하지 않는다.

필요 편차 이론은 또한 에너지 소비의 차이라는 세 번째 논거를 포함한다.

이 주장은 실제 개인이 소비하는 에너지 측정값에 근거하지 않으며, 활동과 에너지 소비 사이에 개인과 무관한 관계를 설정한다. 이 관계는 기본적으로 활동을 '큰일'과 '작은 일'로 분류한다. 하지만 이 분류는 해당 활동에 필요한 에너지 소비에 따른 것이 아니라 활동의 성격에 기초한다.

이때 기술적인 수행 자체는 분류의 실질적 기준이 아니다. 그 예로 물 나르기는

'작은 일', 퇴비 나르기는 '큰일'이다. 일의 고된 정도도 마찬가지다. 낫으로 수확하는 것은 '큰일'이고, 다발로 묶는 것은 '작은 일'이다. 프랑스 전역에서 물을 나르고 수확물을 다발로 묶는 일은 여성의 노동이며 물 외의 것을 나르는 일과 수확은 남자의 일이다.

'크고' '작은' 노동의 분류 기준은 그것을 일상적으로 수행하는 이의 지위에 따른다. 남성에게 주어지기 때문에 '큰'일로 여겨지는 특정 노동은 어떤 지역에서는 여성의 몫이다. 그리고 이때 이 일은 중요성을 잃는다. 성별화된 많은 노동 가운데 극히 일부를 예로 들자면 감자 캐기, 사역 동물 관리 등이 있다.

여성들이 '큰'일이라고 인정되는 노동을 수행할 때—특정 시기에만 예외적으로 수행하는 경우도 있고, 여성들이 모든 농업 활동을 도맡아 하는 브르타뉴나 알프스 지역에서처럼 일상적인 경우도 있다—에는 그 일을 하기 위해 필요하며 또 소모되는 에너지가 그만큼 인정받지 못한다. 놀랄 일은 아니다. 왜냐하면 이런 실질적인 소모와 필요는 결코 측정된 적도 비교된 적도 없기 때문이다. 그저 하루의 신체 활동 시간을 계산해 보기만 해도, 여성이 남성보다 삼할 정도 더 움직인다는 것을 알 수 있다. 따라서 토착 이론의 믿음과는 달리, 에너지 소비량과 필요량은 여성의 경우에 더 많다. 그러나 '필요' 이론, 객관적인 생리적 명령을 명시적으로 언급하거나 암시적으로 드러내는 이 이론은 그 명령을 완전히 무시한다.

그렇다면 이 이론에서 주관적인 필요

인 욕망은 고려되는가? 이 또한 그렇지 않
다. 한 개인의 '필요'를 결정하는 데 있어서,
'당사자'의 평가는 고려되지 않는다. 아이와
청소년이 느끼는 허기의 감각은 음식이 필
요하다는 결론으로 이어지지 않는다. 오히
려 요구를 하면 '네게는 필요 없잖아'라는 말
이 따라오는데, 이는 그들의 필요를 욕망과
다른 것, 욕망 밖에 위치하는 것, 심지어는
욕망과 이율배반적 관계에 있는 것으로 전
제한다. 필요 이론은 주관성에 반대하며 객
관성에 호소하지만, 우리가 확인한 것처럼
모든 객관적 기준을 거부한다.

　　이 이중적인 모순은 앞서 인용한 카
조랑의 글에 잘 드러나 있다. "늘 굶주린 젊
은이들이 고기를 건드리는 것도 막을 수 있
다. (…) 필요할 때만 빵을 배분한다." 카조랑

이 암시하는 필요는 청소년의 몫이 아니다. 당장의 배고픔은 충족되지 않을 것이며, 이전의 필요가 채워졌더라면 그들은 '허기지지' 않았을 것이다.

　　　이 인용을 보자면 배고픔이 젊은이들의 정상적인 상태로 여겨진다는 것을 알 수 있다. 더 정확하게는, 포만감은 그들의 필요로 인정되지 않는다. '배불리 먹는 것'은 존재의 일차적인 안녕을 위한 것이지만, 이 목표는 언제나 도달되지 않을 위험을 가지고 있다. 반면 만성적인 허기는 연령층으로서 성인의 속성으로는 여겨지지 않는다. 그러나 농촌 사회에서는 이것이 청소년들의 두드러진 특징으로 간주된다. 구체적인 대상이 아니라 개인으로 이루어진 하나의 범주와 연관되는 '허기'는 오직 '젊은이'들에게

만 영향을 미친다. 또한 허기는 사회적 조건의 특징이 아니라, 치유되지 않는 생리적인 문제로 여겨지곤 한다. 북미나 프랑스 도시 지역과 같은 다른 사회에서는 포만감이 결코 들지 않는 상태가 성인보다는 청소년에게 더욱, 주관적으로는 바람직하지 않고 객관적으로는 해로운 것으로 이해된다.[6] 농민들은 삶이 "이전보다 나아졌다"고 말하는데—대부분이 이를 인정한다—그 말은 일차적으로 일상에 생겨난 변화를 일컬을 때 등장한다. 이 관점에서, 오늘은 어제에 비할 때 이점이 더 많다. 많은 경우 "이전보다 나아졌다"에서 '이전'은 씁쓸한 말투로 음식이 귀했던 시기로 일컬어지고, 그들은 항상 유년기를 다음과 같이 회상한다. "내가 꼬마였을 때, 아침에는 양을 치러 나갔지. 프로테*를

---

*   마늘과 버터를 살짝 바른 빵—옮긴이

하나 먹고 그걸로 저녁까지 버텨야 했어."[7]

강제는 특히 젊은이들 사이에 미처 내재화되지 않은 금기를 보완하고 내재화를 촉진하기 위해 이루어지는데, 내재화는 결코 완벽할 수 없으며 따라서 느슨한 부분이 생긴다. 순수한 강제와 순수한 내재화 사이에서는 평판이 양쪽으로 작용하며, 결과적으로 타인의 존재와 수치, 혹은 반대로 명예가 개입된다. 카조랑이 늘 하는 이야기에서 우리는 이전 시대 여주인의 작은 몸짓을 알아볼 수 있다. 때로 안주인은 다른 가족 구성원이 부재하는 틈을 타 식탐에 굴복하곤 했다. 그는 따로 간단한 음식을 한 접시 만들거나 간단히 커피를 한 잔 타곤 했다. 이때 예기치 않은 일이 들이닥친다면? 재빨리, 죄의 증거는 난로 근처 꺼진 화덕 속으로 미끄러진다.

미성년자에게는 식품에 가해지는 금기—내면화된 것조차도—가 구속의 영역에 속해 있다. 이 금기가 필연적으로 일시적인 상태(미성년자)와 연관되기 때문에 더욱 그렇다. 그러나 여성에게 음식과 관련된 금기는 더 넓은 범위의 억압 체계의 일부로, 더 유연한 세부 사항이 적용된다. 이 체계는 아내이자 어머니로서의 역할 이데올로기다.

여성들은 사실상 집의 관리자이며 모든 감독이 그러하듯 어떠한 지침도 존재하지 않는 상황에 맞닥뜨린다. 이런 때, 하나의 일반 원칙이 특정한 금기를 대체하며 해당 금기는 이제 부적절해진다. 이 일반 원칙이란 간단하다. 아내와 어머니는 남편과 아버지를 위해 어떤 경우에도 특권을 남겨두어야 하며, 스스로를 '희생'해야 한다는 것이다.

이런 현상은 사회마다 다르게 나타난다. 튀니지에서 소비 격차는 근본적으로 다른 방식으로 발생한다. 이곳 남성들은 하루에 두세 번 식사를 하고, 여성들은 한두 번 식사를 하며, 이들이 동시에 식사를 하는 일은 없다. 여성들은 일 년에 한 번 만들어둔, 품질이 떨어지는 재료로 만든 음식으로 식사를 한다. 반면 이 여자들이 남자를 위해서 준비하는 식사는 신선하고 좋은 품질의 식재료를 기반으로 한다. 식사 장소, 시간, 기본 재료의 엄격한 분리는 여성과 남성 간에 음식을 두고 경쟁이 일어날 수 없는 환경을 조성한다(Ferchiou 1968).

오늘날 프랑스에서는 담배와 술 같은 몇 가지 구체적인 금기를 제외하면 여성과 남성이 같은 '빵과 수프'를 먹는다. 여기서 소비 격차는 근본적으로 특정한 음식물을 금지하는 것이 아니라, 각 음식의 가장 나쁘고 작은 부분을 여성에게 할당하는 방식으로 일어난다. 같은 식탁을 공유하는 상황이 필수적으로 일반 원칙을 만들고 적용하도록 하는 건지, 이 원칙의 존재가 단일한 주방 운영을 가능케 하는 건지 정확히 말하기는 어렵다. 아마도 이러한 원칙만이 소비 격차의 내용이 얼마나 다양한지 설명할 수 있다는 주장이 더 적절할 것이다.

주어진 생활 수준에서, 그 내용은 환경이나 가족에 따라 그다지 달라지지 않는다. 같은 음식이 매주 규칙적으로 상에 오르기 때문에, 매번 새로 분배하고 새로운 평가를 할 필요가 없다. 각각에게 할당되는 몫은 단번에 정해진다. 각각의 가정에서, 각각의

　　　　　　　　가족이라는 위계 집단

닭고기에는 늘 '아버지 몫의 조각'이 있다.

이때에도 제약은 구성원들이 강제를 내재화한 정도와 각자의 지위가 삶에서 이행하는 성격의 것인지 확정된 것인지에 따라 다르게 받아들여진다. 아이들, 그중에서도 남자아이들은 이를 마치 신고식처럼 여기고, 몇 해 동안이나 탐내던 '아버지 몫의 조각'이 자신에게 돌아오는 순간에 그 앙갚음을 한다. 여성들은 자신이 받아 마땅한 몫을 선택한 것이라 믿는다.

한 젊은 농부가 도시에서 온 두 사람을 초대해 간식을 대접하고 파테*를 꺼냈다. 어머니가 병중이라 집을 관리하는 나이 든 고모가 함께 자리했다. 고모는 다른 세 사람은 질색을 하는 파테 주변의 기름만을 자신의 빵에 얹었다. 억압 체계는 여성들에게 스

---

*   고기를 잘게 다져 만든 음식—옮긴이

스로를 제한하도록 강요할 뿐 아니라 일종의 자유를 허용하며, 심지어는 제약의 내용을 결정하도록 요구한다. 이 나이 든 여성에게 파테의 살코기 부분이 명시적으로 금지된 적은 결코 없었을 것이다. 그러나 가장 좋은 부분을 다른 이들의 몫으로 두어야 한다는 의무가 마치 도덕률처럼 내재화되어 있는 것이다. 그가 다른 방식으로 만족감을 느꼈을 수도 있다. 가장 나쁜 부분을 취하는 행위의 주도성과, 그렇게 하는 것이 그의 자유에 맡겨져 있도록 한 바로 그 방식을 통해서 말이다. 자유로운 선택처럼 보이는 이 자원의 배분은 '평범한' 선택, 즉 개인의 기호라는 동기와 연관된다. 질문을 받은 이 여성은 자신이 지방을 좋아한다고 답했다.

희생을 굳이 사랑할 필요조차 없다.

희생은 두 번째 성정이 된다. 안주인은 아무 고민 없이 가장 작은 비프스테이크 조각을 먹고, 스테이크 양이 모두에게 충분하지 않다면 아예 먹지조차 않는다. 그는 이렇게 말할 것이다. "나는 스테이크를 원치 않아." '원하지 않는' 사람이 항상 같다는 데 놀라는 사람은 없다. 그 자신도 물론이다. 마찬가지로 희생 이데올로기가 여성적 본성의 필연적인 부분이라고 스스로 되뇔 필요도 없다. 본인의 헌신과 너그러움을 의식할 필요도 없다. 보편적인 원칙은 일상생활의 자동화만으로는 행동을 유도하기에 충분치 않게 되는, 일반적이지 않은 상황에서나 필요해지는 것이다.

시골에서 도시로, 수입이 낮은 가계에서 높은 가계로 이동할수록 식품 소비는 증가한다. 이때 식품 분야의 가계 내 소비 격차는 덜 두드러지게 된다. 식품 소비 수준이 높아지면 기본적인 필요가 더 잘 충족될 것이고, 소비의 차이는 점차 질적인 측면에서, 덜 가시적인 방식으로 이루어지리라고 예상할 수 있다. 또한 식료품이 충분하다면 우리는 식품 소비에서 차이가 완전히 사라지거나, 다른 영역으로 이동하거나, 다른 영역에서만 유지되리라고도 예측할 수 있다.

그러나 소비 격차의 유연한 성격, 앞서 언급했듯 이를 정의하는 것이 특정한 내용이 아니라 배분의 원칙이라는 사실은 어떠한 이유로 가계의 상대적 가치 척도가 바뀔 때 이 격차를 다시 원점으로 되돌린다. 그 자체로 유연성을 보여주는 이런 회귀에 대한 한 예시가 있다. 1960년대 프랑스, 특히

파리에서, 약 보름간 감자 기근이 든 적이 있다. 이런 기본 식료품에 대한 수요는 비탄력적이기 때문에 가격은 오르고 식료품점에는 줄이 늘어섰다. 라디오 기자가 이 줄에 서 있는 한 여성에게 질문했을 때, 그는 이렇게 답했다. "감자는 남편 몫으로 남겨두고 아이들과 나는 면이나 쌀을 먹어요." 감자가 상대적으로 비싸기는 하지만, 이 가족이 주관적으로 감자에 높은 가격을 부과해 구입 대상으로 고려하고 있다는 점을 보면 모든 가족 구성원이 먹을 정도로 충분한 감자를 산다고 하더라도 예산을 웃돌지는 않을 것이다. 반면 아내와 아이들이 감자를 포기하는 것으로 미루어 보아 감자가 주는 만족감이 예산을 희생할 정도는 아니라고 한다면, 논리적으로는 남편도 면이나 쌀을 먹어야 한다.

그러므로 이 가족이 채택한 해결책은 감자처럼 일상적으로 소비되는 식품(이 특수한 상황에서는 대체품)을 생리적으로 흡수할 수 없는 조건이나 가족의 경제적 상황에 의한 것으로 볼 수 없다. 그저 희소하거나 희소해진 재화에 대한 아버지이자 남편의 특권적 접근을 상징적으로 보여야 할 필요에 의해 선택된 전략이다. 이 특권적인 접근은 소비의 위계화를 보여주는 표지이자 근거다.

소비의 모든 영역에서 격차가 연구되었다면, 다음의 원칙과 그 파생 명제가 확증되었으리라는 가설을 세울 수 있다. 각 영역에서 희소한 자원일수록 그리고 가장 귀하게 취급받는 소비 영역일수록 접근이 특권화되어 있고, 가족 구성원의 삶의 수준에서 드러나는 상대적 격차는 어떤 환경에서든지 대체로 일정하다는 점이다.(이때 특권화된 접근이 더 비싼 재화에 대한 것일수록 그리고 전반적으로 더 큰 규모의 재화에서 이와 같은 차이가 드러날수록 그 절대적 가치에 대한 상대적 격차는 두드러진다.) 사실, 식품이 아닌 지출에 대한 가용 예산이 늘어나면 이전에는 중요하지 않거나 존재하지 않았던 소비가 늘어난다. 따라서 전반적인 삶의 질 향상은 특정한 영역에서 격차를 발생시킨다. 게다가 삶의 질의 전반적인 향상은 새로운 소비의 영역을 등장하게 하고, 이 영역은 격차가 발생할 새로운 장이 된다. 이전에는 지하철을 타던 가계에서 자동차를 갖게 되면, 자동차를 사용하는 구성원과 나머지 간에는 전반적인 소비의 격차—삶의 질의 격차—가 증가할 뿐 아니라 이제까지는 구별이 없었던 새로운 영역—교통—에서의 격차도 생겨난다.

　　소비 격차에 대한 연구는 구체적인 재화에 접근하는 양적인 차이에 대한 연구로 환원되지 않는다. 일요일마다 외출하는 아이는 집안의 자동차를 그 운전자인 아버지와 같은 방식으로 소비하는가? 특히 그는 아버지와 같은 외출을 소비한다고 볼 수 있겠는가?

　　세대 간 동거의 문제는 1970년대에도 농촌에서 여전히 심각했는데, 이때 갈등의 원인—당사자들의 이야기를 들어본바—은 '세대'에 있는 것이 아니라 양육자에 의해서 '의무'로 규정된 소비에 '동원'된 아이들이 '자유롭게' 일으킨 소비로 인해서 일어났다.

　　이 예시는 소비 방식이 소비의 규모

보다 중요할 수 있음을 보여준다. 하지만 여태껏 소비에 관한 연구는 언제나 소비의 규모만을 고려하고 기록했다. 소비 양식의 존재 자체는 추정된 적이 없었다.

그러나 소비는 재화만이 아니라 서비스도 포함하는 문제다. 고전 연구는 시장에서 얻지 않은 재화를 '자가소비'라는 항목에 포함했지만 가계 내에서 생산되는 서비스에 대해서는 다루지 않았다. 그러나 예산 연구의 명명법이 유발하는 사유 방식과는 반대로, 우리는 가족 식사에서 생고기나 껍질을 벗기지 않은 감자를 먹지 않는다. 우리는 원재료뿐 아니라 그 준비 행위 즉 '안주인'의 가사노동(음식 준비는 이 중 일부밖에 되지 않는다) 역시 소비한다. 그리고 이러한 서비스의 제공자는 비제공자와 같은 만큼의 서비스를 소비하지 않는다. 그 이유는 다양하지만, 그 가운데 어떤 것은 명백하다. 예를 들어 우리는 상을 차리는 동시에 상차림을 받을 수 없다.

이런 방식으로 가정 내에서 생산되는 서비스를 고려하면, 가족 소비의 회계적 계산 방식뿐 아니라 가족 생산—이런 서비스는 '자가생산'되기 때문에—의 평가 방식도 크게 바뀌게 된다. 특히, 생산 차원에서 이러한 접근 방식은 가족에 적용되는 '단위'라는 용어의 의미에 문제를 제기한다. 이로써 우리는 경제적 제도로서의 가족이 갖는 내적인 기능에 대해 새로운 질문을 던질 수 있다.

가족이라는 위계 집단

주

1   존 K. 갤브래이스는 가게의 개념에 대한 이 책에서의 비판에
    동조한다. "가게가 다양한 필요, 취향, 선호를 지닌 다수의
    개인—남편, 아내, 아이들 혹은 모부와 자손—을 포함하고
    있음에도 불구하고, 신고전주의 이론 전반에서 가게는 마치
    개인과 동일한 것처럼 다루어진다."

2   이 죄는 가게를 위해 봉사하는 하인을 가게에 포함하는 데서가
    아니라, 가족의 정의에서부터 시작된다. 가족의 정의 속에서
    가게의 개념은 그 헌신에 불과하다. 더 자세한 내용은 『주적』
    참조.

3   1895년부터 지금까지 이어지는 '소비의 척도'의 창안과 구성의
    역사는 M. Perrot가 「부르주아 가족의 삶의 형태Le mode
    de vie des familles bourgeoises」(Paris, Colin, 1961,
    pp. 21~40)에서 다룬 바 있는데, 이 역사에는 수많은 교훈이
    담겨 있다. 이 연구에서 소비 격차는—에드거 앨런 포의 벽장
    속 고양이처럼—그 증거 자체에 의해 은폐되었다. 우리는
    방법론적으로 뚜렷이 차이가 나는 세 유형의 연구를 구별해낼
    수 있는데, 이들은 놀라울 만큼 유사한 척도로 수렴된다. 하나는
    엥겔스의 연구로, "체중과 키의 증가는 소비 지출의 증가를 가장
    잘 드러낸다"라는 주장을 남긴 이 연구는 여성과 아이에 대해
    더 낮은 식품 소비 계수를 가정한다. 또 다른 연구('예산주의')는
    가게의 실질적 행동에 집중하는데, 소비가 연령과 성별에
    따라서 다르다는 사실을 '발견'했다.(그렇게 함으로써 첫 번째
    학파의 초기 가정을 '확인'했다.) 마지막으로 영양학자들은 가족

구성원이 필요로 하는 칼로리를 측정하려 했는데, 이를 위해 '한 가족의 식비 지출은 가족을 구성하는 사람들의 칼로리 필요량에 비례한다'고 간주했다. 이 말은 결국 '필요'를…… 그러므로 사실상 소비를 지표로 삼았다는 뜻이다! '예산주의자'들의 계수를 확증함으로써 '영양학자'들의 계수는 실제 지출이 '칼로리 필요량'에 해당하고, 지출의 편차가 필요의 편차로 정당화된다고 다시금 보증했다. 그리고 더 나아가 칼로리 중당 이외의 다른 사항은 식품 소비에 고려되지 않는다는 인상을 주기까지 했다. 여기에는 식품의 차이가 품질이 아니라 오직 칼로리 값에 의해서만 발생한다는 전제가 내포되어 있다. 필요에 따라 수량이 조절되므로, 분배는 (말 그대로) '공정'한 것으로 여겨진다.

4   우리는 널리 알려진 예시 덕에 "일상에서 추출한 설득력 있는 예시들"을 선택하고 "내밀하다고 여겨지지만 지금까지 경제적 논의가 불러올 충격에서 벗어나 있었던 현상들"을 다룰 권한을 부여받았다는 인상을 받는다. 인용은 T. Veblen, 『여가 계급 이론Théorie de la classe de loisir』, Paris, Gallimard, 1970.

5   소비 척도가 기반하고 '과학적으로' 확증하는 전제와 이 토착 이론 사이의 유사성은 가히 놀랄 만하다. 따라서 1918년의 '영양학적' 척도(가장 '과학적인')는 1970년의 '영양학적' 척도보다 1918년의 '예산주의' 척도와 더 유사하다. 개인에게 필요한 칼로리의 양을 측정하는 것은 당시 시대와 사회(그리고 사회학)에서 해당 개인에게 '정상적'이라고 여겨지는 식품 할당에 따라 달라진다.

6   소비의 척도는 이 주제와 많은 관련이 있지만, 여기에서

자세하게 이를 분석할 수 없기에 청소년들의 상대적인 음식 소비량—1917년 미국에서는 84, 1956년 프랑스(생활환경 관측 연구 센터)에서는 60으로 나타난 상관계수—과 허기에 대한 이론의 존재 혹은 부재 사이의 일치를 강조하는 데서 그치고자 한다.

7   로트 지역에서 실시한 인터뷰 중 한 대목.

참고문헌

Acker, J. (1973), 『Women and social stratification : a Case of Intellectual Sexism』, *American Journal of Sociology*, n° 78, p. 936-945.

Adams, R. N. (1971), 『The Nature of the Family』, in J. Goody (ed.), *Kinship*, Harmondsworth, Penguin.

Adlam, D. (1979), 『Into the Shadows』, *Red Rag*, n° 14.

Alzon, C. (1973), *La femme potiche et la femme bonniche*, Paris, Maspero.

Allauzen, M. (1967), *La paysanne française d'aujourd'hui*, Paris, Gonthier.

Archer, M. Scotford and Giner, S. (eds.), (1971), *Class, Status and Power*, London, Weidenfeld and Nicolson.

Barker, D. Leonard and Allen, S. (eds.) (1976a), *Sexual Divisions and Society*, London, Tavistock.

Barker, D. Leonard and Allen, S. (eds.) (1976b), *Dependence and Exploitation in Work and Marriage*, London, Longman.

Barrett, M. and McIntosh, M. (1979), 『Christine Delphy, Towards a Materialist Feminism?』, *Feminist Review*, n° 1.

Barron, R. and Norris, G. (1976), 『Sexual Divisions and the Dual Labour Market』, in Barker and Allen (eds.), *Dependence and Exploitation in Work and Marriage*, London, Longman.

Bastide, H. (1969), 『Les rurales』, *La Nef*, n° 38.

Bastide, G. et Girard, A. (1959), 『Le budget-temps de la femme mariée à la compagne』, *Population*.

de Beauvoir, S. (1949), *Le deuxième sexe*, Paris, Gallimard.

Becouarn, M.-C. (1972), *Le travail des femmes d'exploitants dans l'agriculture et l'évolution des techniques*, thèse de 3ᵉ cycle, Tours.

Beechey, V. (1977), 『Some Notes on Female Wage Labour in Capitalist Production』, *Capital and Class*, n° 3.

Beechey, V. (1979), 『On Patriarchy』, *Feminist Review*, n° 2.

Beechey, V. (1980), 『Patriarchy, Feminism and Socialism』, contribution in the *Jornadas de estudio sobre el Patriarcado*, Barcelon. Ronéoté.

Benston, M. (1969), 『The Political Economy of Women's Liberation』, *Monthly Review*, 21, n° 4. Réédité in Tanner, L. B. (éd.) (1970), *Voices from Women's Liberation*, New York, Signet Books.

Bernstein, B. (1975), *Langage et classes sociales, codes socio-linguistiques et contrôle social*, Paris, Minuit.

Bettelheim, B (1954), *Symbolic Wounds*, Glencoe, Free Press.

Bird, C. (1969), *Born Female*, New York, Pocket Books.

Bland, L. Brunsdon, C. Hobson, D. and Winship, J. (1978), 『Women Inside and Outside the Relations of Production』, in CCCS, *Women Take Issue*, London, Hutchinson.

Bloch, M. (1964), *Les caractères originaux de l'histoire rurale française*, Paris, Armand Colin.

Blood, R. O. and Wolfe, D. M. (1960), *Husbands and Wives, the Dynamics of Married Living*, Glencoe, Free Press.

Boigeol A., Commaille, J. and Roussel, L. (1975), 『Enquête sur 1000 divorces』, *Population*.

Bottomore, T. B. (1965), *Classes in Modern Society*, London, George Allen and Unwin.

Boudon, R. (1979), *L'inégalité des chances : la mobilité sociale dans les sociétés industrielles*, Paris, A.

가족이라는 위계 집단

Colin (1re édition 1973).

Bouglé, C. (1975), *Les idées inégalitaires : étude sociologique*, Paris, F. Alcan (1re édition 1899).

Bourdieu, P. (1972), 『Les stratégies matrimoniales』, *Annales, Économies, Sociétés, Civilisations*, n° 4-5, juillet-octobre.

Bourdieu, P. et Passeron J.-C. (1964), *Les héritiers*, Paris, Minuit.

Bourgeois, F., Brener, J., Chabaud, D., Cot, A., Fougeyrollas, D., Haicault M., and Kartchevsky-Bulport, A. (1978), 『Travail domestique et famille du capitalisme』, *Critique de l'économie politique*, série n° 3.

Bujra, J. (1978), 『Introductory, Female Solidarity and the Sexual Division of Labour』, *in* P. Caplan and J. Bujra (eds.), *Women United : Women Divided*, London, Tavistock.

Cazaurang, J.-J. (1968), *Pasteurs et paysans béarnais*, Pau, Marimpouey.

Chester, R. (1973), 『Divorce and the Family Life Cycle in Great-Britain』, communication au 13th séminaire annuelle du Committee on Family Research of the ISA, Paris, polycopié.

『Les chimères』 (1974), 『Et mon instinct maternel』, *Les Temps modernes*, n° 333-334. *Code civil français*, Librarie Dalloz, Paris (1970, 1974, 1978).

Cousins, M. (1978), 『Material Arguments and Feminism』, *m/f*, n° 2.

Dalla Costa, M.R. and James, S. (1973), *Le pouvoir des femmes et la subversion sociale*, Genève, Librairie Adversaire.

Davis, E. Gould (1973), *The First Sex*, London, Dent.

Dayre, D. in *Études et Documents du Centre de recherches économiques et sociales*, mai 1955.

Delphy, C. (1969), 『Le patrimoine ou la double circulation des biens dans l'espace économique et le temps social』, *Revue française de sociologie*, n° spécial sur les faits économiques.

Delphy, C. (1992), 『Féminisme et recomposition à gauche』, *Politis, la revue*, n° 1, hiver.

Delphy, C., Armengaud, F. et Jasser G. (1994), 『Une offensive majeure contre les études féministes』, *Nouvelles Questions Féministes*, vol. 15, n° 4, à paraître dans Delphy, C., *Chroniques féministes*, Syllepse, 2009.

Douglas, C. A. (1980), interview de Christine Delphy et Monique Wittig, *Off Our Backs*, 10, n° 1, p. 6.

Duchen, C. (1983), 『French Feminism since 1968, a study in politics and culture』, PhD thesis, New York University.

Duchen, C. (1984), 『What's the French for political lesbian ?』, *Trouble and Strife*, n° 2.

Duvall, E. M. (1957), *Family Development*, New York, Lippincott.

Edholm, F., Harris, O. and Young, K. (1977), 『Conceptualising Women』, *Critique of Anthropology*, n° 9/10.

Eisenstein, Z. (ed.) (1979), *Capitalist Patriarchy and the Case for Socialist Feminism*, New York, Monthly Review Press.

Engels, F. (1884/1972), *The Origin of the Family, Private Property and the State*, avec une introduction de E. B. Leacock, London, Lawrence and Wishart.

Féministes révolutionnaires (1977), 『Justice patriarcale et peine de viol』, *Face-à-femmes*, Alternatives n° 1.

Ferchiou, S. (1968), 『Differentiation sexuelle de l'alimentation au Djerid (sud tunisien)』, *L'homme*, 1er trim.

Feyerabend, P. (1979), *Contre la*

méthode, Paris, Le Seuil.

Finch, J. (1983) *Married to the Job, Wives' Incorporation in Men's Work*, London, George Allen and Unwin.

Firestone, S. (1971), *The Dialectics of Sex*, London, Jonathan Cape.

Flaubert, G. (1995), *Trois contes*, Paris, Le Seuil.

Galbraith, J. K. (1973), *Economics and the Public Purpose*, London, André Deutsch.

Galbraith, J.K. (1973), 「The Economies of the American Housewife」, *The Atlantic Monthly*, août.

Gardiner, J (1975), 「Women's Domestic Labour」, *New Left Review*, n° 89, janv.-fév.

Gilissen, J. (1959), 「Le privilège du cadet ou droit de maineté dans les coutumes de la Belgique et du nord de la France」, in *Mélanges Pétot, Études d'histoire du droit privé*, éd. Montchrestien.

Gillott, P. (1974), 「Confessions of an ex-Feminist」, *Cosmopolitan*.

Girard, A. (1958), 「Budget-temps de la femme mariée dans les agglomérations urbaines」, *Population*, n° 4.

Girard, A. (1958), 「Budget-temps de la femme mariée à la campagne」, *Population*, n° 2.

Girard, A. (1961), *La Réussite sociale en France*, Paris, Presses Universitaires de France.

Girard, A. (1964), *Le Choix du conjoint*, Paris, Presses Universitaires de France.

Goode, W. J. (1956), *Women in Divorce*, New York, Free Press.

Guillaumin, C. (1992), *Sexe, race et pratique du pouvoir : l'idée de nature*, Paris, Côté-femmes.

Habbakuk, H. O. (1968), 「Family Structure and Economic Change in 19th Century Europe」, in N. Bell and E. Vogel, *The Family*, New York, MacMillan, The Free Press.

Hanmer, J. (1978), 「Violence and the Social Control of Women」, in G. Littlejohn et al. (eds.), *Power and the State*, London, Croom Helm.

Harding, S. (1991), *Whose Science ? Whose Knowledge ?*, Buckingham: Open University Press.

Hartmann, H. (1974), 「Capitalism and Women's Work in the Home, 1900-1930」, PhD thesis, University of Yale.

Hays, H. R. (1965), *The Dangerous Sex*, London, Pocket Books.

Hennequin, C., de Lesseps, E. et Delphy, C. (Quelques militantes) (1970), 「L'interdiction de l'avortement, exploitation économique」, *Partisans*, n° 54-55, n° spécial 「Liberation des femmes, annees zero」, nov.

Himmelweit, S. and Mohun, S. (1977), 「Domestic Labour and Capital」, *Cambridge Journal of Economics*, 1, n° 1.

Insee (1973), *Principaux resultats de l'enquete permanente de 1971 sur les conditions de vie des menages*, n° 82.

Irigaray, L. (1974), *Speculum de l'Autre Femme*, Paris, Minuit.

Jackson, J. A. (ed.) (1968), *Social Stratification*, Cambridge, Cambridge University Press.

Jousselin, B. (1972), 「Les choix de consommation et les budgets des ménages」, *Consommation*, janv.-mars.

Kandel, L. (1980), 「Journaux en mouvements, la presse féministe aujourd'hui」 et 「Post-Scriptum, une presse "antiféministe" aujourd'hui : "Des femmes en mouvements"」, *Questions féministes*, n° 7.

Kooy, G. A. (1959), *Echtscheidingstendenties in 20ste eeuws Nederland inzonderheid ten plattelande*, (Divorce Trends in the Rural Areas of the

Netherlands in the Twentieth Century), Assen, Van Gorcum.

Laot, J. (1981), *Stratégie pour les femmes*, Paris, Stock.

Larguia, I. (1970), 『Contre le travail invisible』, *Partisans*, n° 54-55.

Larguia, I. and Dumoulin, J. (no date, about 1973), *Towards a Science of Women's Liberation*, Red Rag pamphlet, n° 1.

Leclerc, A. (1974), *Parole de femme*, Paris, Grasset.

Léger, D. (1976), 『Questions sur le travail domestique』, *Premier Mai*, n° 1.

Lénine, V. I., *Œuvres*, vol. xxiv, Moscou.

Le Roy Ladurie, E. (1972), 『Structures familiales et coutumes d'héritage』, *Annales, Economie, Sociétés, Civilisations*, n° 4-5, juillet-octobre.

Lewis, J. (1981), 『The Registration of "MLF" in France』, *Spare Rib*, n° 108.

Lilar, S. (1969), *Le malentendu du deuxième sexe*, Paris, PUF.

London, J. (1948), 『Le païen』, *Contes des mers du Sud*, Paris, Hachette.

Löwy, M. (1985), *Paysages de la vérité : introduction à la sociologie critique de la connaissance*, Paris, Anthropos.

McAffee, K. and Woods, M. (1969), 『Bread and Roses』, *Leviathan*, n° 3. Réédité *in* Tanner (ed.), *Voices From Women's Liberation*, New York, Signet Books.

McDonough, R. and Harrison, G. (1978), 『Patriarchy and the Relations of Production』, *in* A. Kuhn and A.-M. Wolpe (eds.), *Feminism and Materialism*, London, Routledge and Kegan Paul.

Mainardi, P. (1970), 『The Politics of Homework』, *in* Tanner (ed.), *Voices From Women's Liberation*, New York, Signet Books.

Mandel, E. (1962), *Traité d'économie marxiste*, Paris, Julliard, *10/18*.

Marceau, J. (1976), 『Marriage, Role Division and Social Cohesion, the Case of Some French Middle Class Families』, *in* Barker and Allen (eds), *Dependence and Exploitation in Work and Marriage*, London, Longman.

Marczewski, J. (1967), *Comptabilité nationale*, Paris, Dalloz.

Mathieu, N.-C. (1991), *L'anatomie politique : catégorisations et idéologies du sexe*, Paris, Côté-femmes.

Mead, M. (1950), *Male and Female*, en français *L'un et l'autre sexe*, Gonthier, (1966).

Milhau, J. et Montagne, R. (1968), *Économie rurale*, Paris, PUF (coll. 『Themis』).

Mitchell, J. (1975), *Psychanalyse et politique*, Paris, Des Femmes.

Molyneux, M. (1979), 『Beyond the Domestic Labour Dispute』, *New Left Review*, n° 16.

Montagu, A. (1952), *The Natural Superiority of Women*, New York, Macmillan.

Murdock, G. B. (1949), *Social Structure*, New York, Macmillan.

Naville, P. (1971), 『France』, *in* Archer and Giner (eds.).

Nouacer, K. (1969), 『Maroc, la segregation』, *La Nef*, n° 38, oct.-déc.

Olah, S. (1970), 『The Economic Function of the Oppression of Women』 *in* S. Firestone and A. Koedt (eds.), *Notes From the Second Year*, New York : Notes from the Second Year.

Parti communiste français (1970), *Les communistes et la condition de la femme*, Paris, Editions sociales.

Perrot, M. (1961), *Le mode de vie des familles bourgeoises*, Paris, Colin.

de Pisan, A. and Tristan, A. (1977), *Histoires du MLF*, Paris, Calmann-Levy.

Pedinielli-Plaza, M. (1976), 『Différence de sexe et réalité des femmes』, brochure.

Plaza, M. (1977), 『Pouvoir "phallomorphique" et psychologie de "la femme"』, *Questions Féministes*, n° 1. Traduit in *Ideology and Consciousness*, n° 3 (1978).

Righini, M. (1974), 『Etre Femme enfin !』, *Le Nouvel Observateur*, 15 mars.

Rich, A. (1980), 『Compulsory Heterosexuality and Lesbian Existence』, *Signs*, 5, n° 4. En français 『La contrainte à l'hétérosexualité et l'existence lesbienne』, *Nouvelles Questions Féministes*, 1981, n° 1, mars.

Rouxin, C. in *Populations et Sociétés*, n° 23, mars 1970.

Rubin, G. (1975), 『The Traffic in Women, Notes on the "Political Economy" of Sex』, *in* R. R. Reiter (ed.), *Toward an Anthropology of Women*, New York, Monthly Review Press.

Seccombe, W (1974), 『The Housewife and the Labour under Capitalism』, *New Left Review*, n° 83, p. 3-24.

Sahlins, M. (1974), *Stone Age Economics*, London, Tavistock.

Silvera, J. (1975), *The Housewife and Marxist Class Analysis*, Seattle, Wild Goose Pattern. de Singly, F. (1987), *Fortune et infortune de la femme mariée*, Paris, PUF.

Stoetzel, J. (1948), 『Une étude du budget-temps de la femme dans les agglomérations urbaines』, *Population*, n° 1.

Sturgeon, T. (1960), *Venus Plus X*, New York, Pyramid Books.

Tanner, L. B. (ed.) (1970), *Voices From Women's Liberation*, New York, Signet Books.

Terray, E. (1972), *Le marxisme devant les sociétés primitives*, Paris, Maspero.

Veblen, T. (1899), *Theory of the Leisure Class*, en français *Théorie de la classe de loisir*, Paris, Gallimard, 1970.

Weitzman, L. (1985), *The Divorce Revolution*, New York/London, The Free Press/Collier MacMillan.

Wolfelsperger, A. (1970), *Les biens durables dans le patrimoine du consommateur*, Paris, PUF.

Zelditch, M. (1964), 『Family, Marriage and Kinship』, *in* R. E. L. Faris (ed.), *Handbook of Modern Society*, Chicago, Rand McNally.

Zetkin, C. (1934), 『Les notes de mon carnet』, *Lénine tel qu'il fut*, Paris, Bureau d'éditions.

가족이라는 위계 집단

크리스틴 델피
가부장제의 정치경제학 시리즈

크리스틴 델피
가부장제의 정치경제학
가족이라는 위계 집단

| 1판 1쇄 인쇄 | 2023년 5월 20일 |
| 1판 1쇄 발행 | 2023년 6월 1일 |

| 지은이 | 크리스틴 델피 |
| 옮긴이 | 김다봄 · 이민경 |

기획	이민경
편집	이두루
디자인	우유니
홍보	김혜수

펴낸곳	봄알람
출판등록	2016년 7월 13일 2021-000006호
전자우편	we@baumealame.com
인스타그램	@baumealame
트위터	@baumealame
홈페이지	baumealame.com

| ISBN | 979-11-89623-19-7 (92300) |